実務でみかける
消費税の誤りやすい処理

共著　西山　卓　（税理士）
　　　藤本　敦士　（税理士）
　　　谷本　晃　（税理士）

JN125141

新日本法規

は　し　が　き

　本書は、消費税に関する基礎的な事項について、特に勘違いが生じやすいと思われる論点を中心に取り上げ、その誤りと正しい取扱いを対比して紹介する書籍です。

　消費税は、税務実務に携わる者にとって最も身近で必須の税目でありながら、勘違いを起こしやすい税目であることが知られています。そんな消費税の基礎を、簡潔かつ明快に解説することを本書は目的としています。各項目では、必ず根拠法令に触れてこれを積み上げ、一項目内で完結し正しい結論にたどり着くよう編集しています。

　インボイス制度の開始に伴い、昨今では、消費税に関する実務の話題や文献はインボイス制度に関するものが中心となりましたが、本書はインボイス制度に関する説明は多くの優れた類書にその役割を委ね、実務で考え得る処理の誤り等の解説に重点を置くようにしました。本書が税務実務に携わる皆様の実務の一助となることを願っております。

　本書の発行について、新日本法規出版株式会社出版企画局企画推進部の中村佳代子氏・河村悟氏をはじめ、関係者の皆様に多大なご協力を頂きました。心より感謝申し上げます。

　令和6年5月

著者一同

著者一覧

西山　卓（税理士・西山税務会計事務所）

<略歴>

平成14年　大原簿記専門学校　法人税法専任講師

平成18年　大原簿記専門学校　所得税法専任講師

平成22年　テントゥーワン税理士法人（新大阪事務所）　入所

平成23年　掛川雅仁税理士事務所　入所

平成28年　西山税務会計事務所　開業

平成28年　経営革新等支援機関　認定

藤本　敦士（税理士・藤本敦士税理士事務所）

<略歴>

平成20年　大原簿記専門学校　所得税法専任講師

平成23年　税理士法人ライカブリッジ　入所

平成26年　税理士法人山田＆パートナーズ（大阪事務所）　入所

令和元年　藤本敦士税理士事務所　開業

令和3年　経営革新等支援機関　認定

谷本　晃（税理士・谷本晃税理士事務所）

<略歴>

平成16年　大原簿記専門学校　消費税法専任講師

平成20年　大原簿記専門学校　所得税法及び消費税法専任講師

令和元年　谷本晃税理士事務所　開業

令和3年　経営革新等支援機関　認定

略　語　表

<法令等の表記>

　　根拠となる法令等の略記例及び略語は次のとおりです。

　　消費税法第9条第2項第1号＝消税9②一

消税	消費税法	法税令	法人税法施行令
消税令	消費税法施行令	法税規	法人税法施行規則
消税規	消費税法施行規則	会社	会社法
所税	所得税法	民	民法
所税令	所得税法施行令	消基通	消費税法基本通達
所税規	所得税法施行規則	所基通	所得税基本通達
法税	法人税法	法基通	法人税基本通達

目　次

第1章　総　論

第1　納税義務者

ページ

〔1〕　基準期間が免税事業者であった場合の課税売上高は税
　　　込金額？ ……………………………………………………………3

〔2〕　2年以上課税売上がない者が事業を再開した場合、設
　　　備投資に係る消費税の還付を受けられない？ ………………6

〔3〕　設立事業年度中に増資があった場合の納税義務の判定
　　　は？ …………………………………………………………………9

〔4〕　課税売上高が5億円を超える法人を支配する持株会社
　　　が別会社を設立した場合には特定新規設立法人として納
　　　税義務を有する？ ………………………………………………11

〔5〕　課税売上高が5億円を超える法人を支配する株主の親
　　　族が新会社を設立した場合には特定新規設立法人として
　　　納税義務を有する？ ……………………………………………15

〔6〕　課税事業者である個人事業者から生前に事業承継を受
　　　けた場合、承継者は課税事業者となる？ ……………………18

〔7〕　相続財産が未分割の場合の納税義務の判定は？ …………20

〔8〕　相続人以外が事業を承継した場合の納税義務の判定
　　　は？ …………………………………………………………………24

〔9〕　特定期間の課税売上高が1,000万円を超える場合には
　　　必ず課税事業者となる？ ………………………………………26

〔10〕　事業年度の中途から課税事業者を選択しても設備投資
　　　に係る消費税の還付は受けられない？ ………………………28

〔11〕　相続があった場合に課税事業者選択届出書の効力は承
　　　継される？ ………………………………………………………32

〔12〕 相次相続があった場合の納税義務の判定は第一次相続
の被相続人の基準期間における課税売上高を考慮する？ ……35

第2　課税範囲

〔13〕 株式交換により新株の交付を受けた場合には消費税法
上はどのような取扱いをすればよい？ ……………………………37
〔14〕 共有地の分割を行った場合、課税の対象となる？ …………40
〔15〕 現物給付として事業用資産を支給する場合は課税の対
象となる？ ………………………………………………………42
〔16〕 法人成りの直前に有していた事業用資産を法人に譲渡
せずに賃貸した場合には課税の対象となる？ …………………44
〔17〕 保証債務を履行するために行う資産の譲渡は課税の対
象となる？ ………………………………………………………46
〔18〕 自己株式の取得及び処分は課税の対象となる？ ……………48
〔19〕 営業の譲渡をした場合の対価の額は全て課税の対象と
なる？ ……………………………………………………………51
〔20〕 サラリーマンが副業として行う資産の譲渡は課税の対
象となる？ ………………………………………………………53
〔21〕 収益補償や移転費用の補償として収受する立退料は課
税の対象となる？ ………………………………………………55

第3　非課税範囲

〔22〕 住宅の貸付けであることが契約で明示されていない場
合は住宅以外の貸付けとして課税取引となる？ ………………57
〔23〕 土地の貸付期間は実際の貸付期間によって判定する？ ……60
〔24〕 賃貸不動産収入を敷地部分と建物部分とに対価を区分
して収受した場合、敷地部分は土地の貸付けとして非課
税となる？ ………………………………………………………62

〔25〕 集合住宅の各戸に割り当てられた駐車場は、住宅の貸付けとして非課税となる？ ……………………………………64

〔26〕 住宅の貸付けと譲渡の課非判定の違いは？ ……………72

〔27〕 借地権の消滅の対価と譲渡対価の取扱いの違いは？ ………74

〔28〕 印刷業者が郵便ハガキへの印刷費と併せて収受するハガキ売却代金は課税の対象となる？ …………………………76

第2章　課税標準及び税率

〔29〕 個人が法人に低額譲渡をして時価課税とみなされた場合の消費税の課税標準は？ ………………………………81

〔30〕 法人成りの直前に有していた事業用資産を法人に譲渡等しなかった場合には、課税の対象としなくてよい？ ………84

〔31〕 役員等への値引販売が給与課税される場合には消費税法上も低額譲渡として扱われる？ …………………………86

〔32〕 役員に無償で役務の提供を行った場合に消費税法上は時価相当額を課税標準額に計上する必要がある？ ……………89

第3章　税額控除等

第1　仕入れに係る消費税額の控除

1　課税売上割合

〔33〕 課税売上高がゼロの場合の仕入税額控除の計算は全額控除方式による？ ……………………………………………93

〔34〕 課税売上高がない課税期間で個別対応方式を採った場合でも仕入税額控除を受けられない？ …………………96

〔35〕 有価証券の譲渡でも課税売上割合に準ずる割合の適用ができる？ ……………………………………………………99

〔36〕　債権譲渡を行うと譲渡対価の額に応じて課税売上割合
　　　が下がる？ ……………………………………………………103

〔37〕　暗号資産の譲渡対価の額は課税売上割合の計算に影響
　　　がある？ …………………………………………………………105

　2　その他

〔38〕　無償で貸し付ける社宅の購入費用は居住用賃貸建物と
　　　して仕入税額控除の制限を受ける？ ………………………107

〔39〕　居住用賃貸建物に係る附属設備と、その後の資本的支
　　　出は仕入税額控除ができる？ …………………………………109

〔40〕　住宅の貸付けの用に供される可能性がある建物であれ
　　　ば仕入税額控除はできない？ …………………………………112

〔41〕　未成工事支出金や建設仮勘定の仕入税額控除のタイミ
　　　ングは？ …………………………………………………………114

〔42〕　土地勘定で経理処理された場合でも仕入税額控除の対
　　　象となる？ ………………………………………………………116

〔43〕　従業員に支給する在宅勤務手当は課税仕入れに該当す
　　　る？ ………………………………………………………………119

　　第2　仕入れに係る消費税額の調整

〔44〕　居住用賃貸建物は仕入れ等の日以後、譲渡又は転用し
　　　た場合に消費税額の調整が必要？ …………………………121

第4章　簡易課税

〔45〕　簡易課税制度を選択した後に高額特定資産を取得した
　　　場合、翌課税期間から簡易課税制度を適用できる？ …………127

〔46〕　原則課税制度の下で高額特定資産の仕入れを行った場
　　　合、翌期は簡易課税制度の適用が必ず制限される？…………129

〔47〕　簡易課税制度で売上の事業区分をしていない場合の計
　　　算方法は？………………………………………………………132

〔48〕　簡易課税制度で建設業や製造業は必ず第3種事業とな
　　　る？………………………………………………………………135

〔49〕　事業廃止届出書を提出した場合の簡易課税制度選択届
　　　出書の効力は継続する？………………………………………138

第5章　インボイス制度等

〔50〕　免税事業者から課税事業者となる場合、免税事業者で
　　　あった期間中に仕入れた棚卸資産に係る消費税は調整計
　　　算できない？……………………………………………………143

〔51〕　適格請求書発行事業者でない者から行った課税仕入れ
　　　について、控除できない消費税等相当額は控除対象外消
　　　費税額等に該当する？…………………………………………146

〔52〕　免税事業者が適格請求書発行事業者となるには登録申
　　　請書のみを提出すればよい？…………………………………151

〔53〕　課税期間の途中からは適格請求書発行事業者の登録は
　　　できない？………………………………………………………153

〔54〕　受託販売をする場合、受託者は適格請求書の交付をす
　　　ることができない？……………………………………………156

〔55〕　家賃について請求書がない場合は、仕入税額控除を適
　　　用できない？……………………………………………………159

〔56〕　受け取った適格請求書が間違っていた場合、受取り側
　　　が一方的に加筆修正しても、仕入税額控除を適用でき
　　　る？………………………………………………………………162

〔57〕　消費税の還付税額は必ず雑収入に計上しなければなら
　　　ない？……………………………………………………………165

〔58〕　適格請求書発行事業者に相続が発生した場合、相続人
　　　　は適格請求書発行事業者となる？……………………………168

〔59〕　２割特例適用後の簡易課税制度選択届出書の提出期限
　　　　は？………………………………………………………………171

〔60〕　適格請求書発行事業者の登録取消届出書はいつまでに
　　　　提出が必要？……………………………………………………173

〔61〕　令和６年に適格請求書発行事業者となった後、登録を
　　　　取り消した場合、免税事業者に戻れる時期は？………………175

〔62〕　令和６年に適格請求書発行事業者となった後、調整対
　　　　象固定資産を取得した場合、免税事業者に戻れる時期
　　　　は？………………………………………………………………177

〔63〕　適格請求書発行事業者の登録により免税事業者でなく
　　　　なった者は、必ず２割特例が適用できる？……………………180

第 1 章

総 論

2

第1　納税義務者

〔1〕　基準期間が免税事業者であった場合の課税売上高は税込金額？

　私は、前々年の年初より貸倉庫業を営んでいる個人事業者である。

　テナントとの賃貸借契約書では賃料は月額80万円（消費税は別途収受）となっている。

　前々年と前年は基準期間における課税売上高がないため、免税事業者であったが、本年以降も消費税を除いた賃貸料が1,000万円以下（80万円×12か月＝960万円）であるため、今後も継続して免税事業者であると考えている。

結　論	本年及び翌年は課税事業者となるが、翌々年は免税事業者となる

┌──────────────────┐
　　　　　　　　　　ポイント
└──────────────────┘

▶基準期間が免税事業者であった場合の基準期間の課税売上高は、課税資産の譲渡等に伴って収受し、又は収受すべき金銭等の全額（税込み）となる。

┌─────┐
│ 解　説 │
└─────┘

1　納税義務の判定

　事業者のその課税期間の基準期間における課税売上高が1,000万円以下である場合（適格請求書発行事業者である場合を除きます。）には、

原則として、その課税期間の納税義務はありません（消税9①）。

　この場合の基準期間における課税売上高には消費税及び地方消費税を含まない額（税抜き）とされています（消税9②）。

2　基準期間が免税事業者であった場合の課税売上高

　基準期間が免税事業者であるときは、その事業者は課税資産の譲渡等について消費税及び地方消費税を納める義務が免除されているため、その課税資産の譲渡等の対価の額には消費税及び地方消費税は課されていないことになります（消基通1－4－5）。

　したがって、基準期間が免税事業者であるときのその基準期間における課税売上高は、課税資産の譲渡等に伴って収受し、又は収受すべき金銭等の全額（税込み）となります。

3　本事例の場合

　本事例の場合、本年以降の納税義務の判定は、下記のとおり行います。

①　本年及び翌年の納税義務の判定

　　基準期間が免税事業者であるため、税込金額で判定を行います。

　　88万円（税込み）× 12か月 ＝ 1,056万円 ＞ 1,000万円

　　以上により、納税義務は免除されません。

②　翌々年の納税義務の判定

　　基準期間となる本年は課税事業者であるため、税抜金額で判定を行います。

　　80万円（税抜き）× 12か月 ＝ 960万円 ≦ 1,000万円

　　なお、基準期間における課税売上高が1,000万円以下の場合は、特定期間（個人の場合は、その年の前年1月1日から6月30日までの

期間）における課税売上高等が1,000万円を超えるかどうかにより判定を行います。

　88万円（税込み）×　6か月　＝　528万円　≦　1,000万円

　以上により、納税義務は免除されます。

《参考となる法令等》

消税9①②一、消基通1－4－5

〔2〕　2年以上課税売上がない者が事業を再開した場合、設備投資に係る消費税の還付を受けられない？

　私は、以前より飲食店を営む個人事業者だったが、経営が芳しくなかったため、飲食店を閉店し、約3年間サラリーマンをしていた。しかし、飲食店の経営を再度志し、本年3月1日から新店舗にて事業を再開することとなった。

　ところで、新店舗の改装に当たって、本年の設備投資が多額となったが、当該設備投資に係る消費税の還付を受けられないと認識している。

結　論	本年末日までに課税事業者選択届出書を提出することで、設備投資に係る消費税の還付を受けることができる

ポイント

▶過去2年以上課税資産の譲渡等がない場合、その事業を再開した年中に課税事業者選択届出書を提出することによって、その課税期間から課税事業者となることができる。

解　説

1　納税義務の判定

　事業者のその課税期間の基準期間における課税売上高が1,000万円以下である場合（適格請求書発行事業者である場合を除きます。）には、原則として、その課税期間の納税義務はありません（消税9①）。

2　課税事業者選択届出書を提出した場合

　免税事業者が課税事業者選択届出書を納税地の所轄税務署長に提出した場合には、その提出をした日の属する課税期間の翌課税期間以後の課税期間については、課税事業者となります（消税9④）。

　しかし、その提出をした日の属する課税期間が事業を開始した日の属する課税期間等である場合には、その提出をした日の属する課税期間から課税事業者となります（消税令20一）。

3　過去2年以上課税資産の譲渡等がない場合

　「事業を開始した日の属する課税期間」には、その課税期間開始の日の前日まで2年以上にわたって課税資産の譲渡等がなかった事業者が事業を再び開始した課税期間も該当するものとして取り扱います（消基通1－4－8）。

4　本事例の場合

　本事例の場合、本年の基準期間における課税売上高がないため、原則的に免税事業者となります。

　しかし、設備投資に係る消費税の還付を受けたい場合には、課税事業者選択届出書を提出し、課税事業者になることで還付を受けることができます。

　この場合、課税事業者選択届出書は原則として前年末日までに提出する必要がありますが、本事例のように過去2年以上にわたって課税資産の譲渡等がない場合には、その事業を再開した課税期間中に課税事業者選択届出書を提出することでその課税期間から課税事業者になることができます。

　したがって、本年末日までに課税事業者選択届出書を提出して課税

事業者となることによって、本年の設備投資に係る消費税の還付を受けることができます。

《参考となる法令等》
消税9①④、消税令20一、消基通1－4－8

〔3〕　設立事業年度中に増資があった場合の納税義務の判定は？

当社は、本年4月1日に資本金500万円で設立された株式会社である。この度、事業拡大を目的として本年10月1日に資本金を1,000万円に増資した。

ところで、資本金の額が1,000万円以上である新設法人は消費税の課税事業者になるとのことなので、当社の場合は増資を行った設立事業年度から課税事業者になると認識している。

なお、当社の事業年度は4月1日から3月31日までの1年決算法人であり、株主は私のみである。

結　論　設立事業年度は免税事業者となるが、翌事業年度は課税事業者となる

ポイント

▶新設法人に該当するかどうかを判定する際の資本金の額は、その基準期間がない事業年度の開始の日における資本金の額で判定する。

解　説

1　納税義務の判定

事業者のその課税期間の基準期間における課税売上高が1,000万円以下である場合（適格請求書発行事業者である場合を除きます。）には、原則として、その課税期間の納税義務はありません（消税9①）。

2　新設法人の納税義務の免除の特例

　その事業年度の基準期間がない法人のうち、その事業年度開始の日における資本金の額又は出資の金額が1,000万円以上である法人（以下「新設法人」といいます。）については、納税義務は免除されません（消税12の2①）。

3　本事例の場合

　本事例の場合、本年10月1日に増資を行い資本金の額が1,000万円以上になっていますが、新設法人に該当するかどうかは、その事業年度開始の日における資本金の額により判定を行います。

　したがって、設立事業年度においては、事業年度開始の日における資本金の額が500万円であるため、免税事業者となりますが、設立第2期においては、事業年度開始の日における資本金の額が増資後の1,000万円であるため、課税事業者となります（消基通1－5－15）。

《参考となる法令等》
消税9①・12の2①、消基通1－5－15

〔4〕　課税売上高が5億円を超える法人を支配する持株会社が別会社を設立した場合には特定新規設立法人として納税義務を有する？

　当社はＡ社に100％出資をしている持株会社である。Ａ社の課税売上高は毎期継続して5億円を超えているが、当社の課税売上高は毎期継続して5億円以下である。

　この度、当社は新たにＢ社を設立（資本金500万円）して新規事業を営むこととしたが、課税売上高が5億円を超えるＡ社が100％出資をしてＢ社を設立すると、Ｂ社が特定新規設立法人の納税義務の免除の特例によって課税事業者に該当するため、当社が100％出資をしてＢ社を設立することで、特定新規設立法人の納税義務の免除の特例の対象とはならず、設立1期目及び設立2期目は免税事業者に該当するものと考えている。

結　論　　特定新規設立法人の納税義務の免除の特例の対象となり課税事業者となる

ポイント

▶特定要件の判定の基礎となった株主（当社）の基準期間に相当する期間の課税売上高が5億円以下であっても、その判定の基礎となった株主（当社）の特殊関係法人（Ａ社）の基準期間に相当する期間の課税売上高が5億円を超える場合には、特定新規設立法人の納税義務の免除の特例の対象となる。

```
解　説
```

1　納税義務の判定

　事業者のその課税期間の基準期間における課税売上高が1,000万円以下である場合（適格請求書発行事業者である場合を除きます。）には、原則として、その課税期間の納税義務はありません（消税9①）。

2　特定新規設立法人の納税義務の免除の特例

（1）　納税義務の免除の特例

　その事業年度の基準期間がない法人（事業年度開始の日における資本金の額が1,000万円以上である新設法人は除きます。以下「新規設立法人」といいます。）のうち、その基準期間がない事業年度開始の日（以下「新設開始日」といいます。）において特定要件に該当し、かつ、新規設立法人が特定要件に該当する旨の判定の基礎となった他の者及び当該他の者と特殊な関係にある法人のうちいずれかの者のその新規設立法人のその新設開始日の属する事業年度の基準期間に相当する期間における課税売上高が5億円を超える場合又は売上金額、収入金額その他の収益の額の合計額が、国外におけるものも含め50億円を超える場合における当該新規設立法人（以下「特定新規設立法人」といいます。）については、その基準期間がない事業年度に含まれる各課税期間については、納税義務は免除されません（消税12の3①、消税令25の4②）。

（2）　特定要件

　特定要件とは、他の者により新規設立法人が支配される場合として次のいずれかに該当する場合をいいます（消税25の2①）。

①　当該他の者が新規設立法人の発行済株式等の総数の50%を超える数の株式を有する場合

②　当該他の者及び次に掲げる者が新規設立法人の発行済株式等の総数の50％を超える数の株式を有する場合

　㋐　当該他の者の親族等

　㋑　当該他の者（親族等を含みます。以下（2）において同じ。）が完全に支配している法人

　㋒　当該他の者及び㋑の法人が完全に支配している法人

　㋓　当該他の者及び㋑と㋒の法人が完全に支配している法人

（3）　特殊関係法人の範囲

　新規設立法人が特定要件に該当する旨の判定の基礎となった他の者と特殊な関係にある法人は、次に掲げる法人のうち、非支配特殊関係法人以外の法人とします（消税令25の3①）。

　㋐　当該他の者（特定新規設立法人の株主等に限ります。また親族等を含みます。以下（3）において同じ。）が完全に支配している法人

　㋑　当該他の者及び㋐の法人が完全に支配している法人

　㋒　当該他の者及び㋐と㋑の法人が完全に支配している法人

（4）　非支配特殊関係法人の範囲

　非支配特殊関係法人とは、別生計親族等が支配する一定の会社として消費税法施行令25条の3第2項に掲げる法人です。

3　本事例の場合

　本事例の場合、当社がB社の発行済株式の50％超を有しているため、B社は特定要件に該当します。

　また、B社の特定要件の判定の基礎となった当社の基準期間に相当する期間の課税売上高は5億円以下ですが、当社が完全に支配しているA社は特殊関係法人に該当し、かつ、A社の基準期間に相当する期

間の課税売上高は5億円を超えるため、特定新規設立法人の納税義務
の免除の特例の対象となり、B社の設立1期目及び設立2期目は課税
事業者となります。

《参考となる法令等》
消税9①・12の3①、消税令25の2①・25の3①②・25の4②

〔5〕　課税売上高が5億円を超える法人を支配する株主の親族が新会社を設立した場合には特定新規設立法人として納税義務を有する？

　私と生計を一にする夫は、一代で年商50億円（課税売上高）のA社を育てあげたオーナー社長（株式100％所有）である。私は夫の仕事には興味がなく、自ら事業を起こしてみたいと考え、私が全額出資をしてサウナ事業を行うB社を立ち上げる予定である。

　なお、一般消費者が顧客層であるため、適格請求書発行事業者とはならず、また、資本金を900万円で設立する予定であるため、設立2期目までは消費税の納税義務は免除されると認識している。

結　論
特定新規設立法人の納税義務の免除の特例の対象となり課税事業者となる

ポイント

▶特定新規設立法人に該当するか否かの判定は、特定新規設立法人の株主と生計を一にする親族やその特殊関係法人の課税売上高が影響する。

解　説

1　納税義務の判定

　事業者のその課税期間の基準期間における課税売上高が1,000万円以下である場合（適格請求書発行事業者である場合を除きます。）には、原則として、その課税期間の納税義務はありません（消税9①）。

2　特定新規設立法人の納税義務の免除の特例

（1）　納税義務の免除の特例

　その事業年度の基準期間がない法人（事業年度開始の日における資本金の額が1,000万円以上である新設法人は除きます。以下「新規設立法人」といいます。）のうち、その基準期間がない事業年度開始の日（以下「新設開始日」といいます。）において特定要件に該当し、かつ、新規設立法人が特定要件に該当する旨の判定の基礎となった他の者及び当該他の者と特殊な関係にある法人のうちいずれかの者のその新規設立法人のその新設開始日の属する事業年度の基準期間に相当する期間における課税売上高が5億円を超える場合又は売上金額、収入金額その他の収益の額の合計額が、国外におけるものも含め50億円を超える場合における当該新規設立法人（以下「特定新規設立法人」といいます。）については、その基準期間がない事業年度に含まれる各課税期間については、納税義務は免除されません（消税12の3①、消税令25の4②）。

（2）　特定要件

　特定要件とは、他の者により新規設立法人が支配される場合として次のいずれかに該当する場合をいいます（消税令25の2①）。

① 当該他の者が新規設立法人の発行済株式等の総数の50％を超える数の株式を有する場合

② 当該他の者及び次に掲げる者が新規設立法人の発行済株式等の総数の50％を超える数の株式を有する場合

　⑦ 当該他の者の親族等

　⑦ 当該他の者（親族等を含みます。以下（2）において同じ。）が完全に支配している法人

　⑦ 当該他の者及び⑦の法人が完全に支配している法人

　⑦ 当該他の者及び⑦と⑦の法人が完全に支配している法人

（3）　特殊関係法人の範囲

　新規設立法人が特定要件に該当する旨の判定の基礎となった他の者と特殊な関係にある法人は、次に掲げる法人のうち、非支配特殊関係法人以外の法人とします（消税令25の3①）。

　㋐　当該他の者（特定新規設立法人の株主等に限ります。また親族等を含みます。以下（3）において同じ。）が完全に支配している法人

　㋑　当該他の者及び㋐の法人が完全に支配している法人

　㋒　当該他の者及び㋐と㋑の法人が完全に支配している法人

（4）　非支配特殊関係法人の範囲

　非支配特殊関係法人とは、別生計親族等が支配する一定の会社として消費税法施行令25条の3第2項に掲げる法人です。

3　本事例の場合

　本事例の場合、B社は、あなたに100％支配されているため特定要件を満たします。

　A社は特定要件の判定の基礎となった株主であるあなたと生計を一にする親族（夫）に完全に支配されているため、特殊関係法人に該当します。

　したがって、特殊関係法人であるA社の課税売上高が5億円を超えることから、B社は特定新規設立法人に該当し、設立2期目まで消費税の納税義務は免除されません。

《参考となる法令等》

消税9①・12の3①、消税令25の2①・25の3①②・25の4②

〔6〕　課税事業者である個人事業者から生前に事業承継を受けた場合、承継者は課税事業者となる？

　私は、金属加工業を営む父の事業専従者だが、父が高齢で引退したため、本年10月1日から事業を承継した。

　父は引退するまで継続して課税事業者に該当しており、父から事業を引き継ぐまでの私の収入は、父からの事業専従者給与のみである。

　私は本年、父の基準期間における課税売上高によって納税義務の判定を行うことで課税事業者に該当すると考えている。

> **結　論**　承継者自身の基準期間における課税売上高によって納税義務の判定を行うため、本年は免税事業者となる

ポイント

▶個人事業者から生前に事業の承継を受けた場合の納税義務の免除の特例の規定はない。

▶個人事業者から相続によって事業の承継を受けた場合には、納税義務の免除の特例がある。

解　説

1　個人事業者の納税義務の判定

　個人事業者のその年の基準期間における課税売上高が1,000万円以下である場合（適格請求書発行事業者である場合を除きます。）には、原則として、その年の納税義務はありません（消税9①）。

2　相続があった場合の納税義務の免除の特例

　免税事業者である個人が相続により被相続人の事業を承継した場合のその相続があった年の納税義務の判定は、その年の基準期間における被相続人の課税売上高が1,000万円を超えるかどうかにより判定します。

　この場合において、その基準期間における被相続人の課税売上高が1,000万円を超えるときは、その相続人のその相続のあった日の翌日からその年12月31日までの期間においては、納税義務は免除されません（消税10①）。

3　本事例の場合

　本事例の場合、課税事業者である父の事業を承継していますが、相続による事業承継ではないため、納税義務の判定は、あくまでもあなた自身の基準期間における課税売上高によって行います。したがって、当該基準期間において事業専従者としての給与収入しかない場合は、あなたの本年の納税義務はありません。

　なお、事業承継に当たって、父から棚卸資産や事業用資産を買い取った場合において、その買取りに伴い生じた消費税の還付を受けたいときは、その事業承継によって事業を開始した年の12月31日までに課税事業者選択届出書を提出し、課税事業者となることで還付を受けることができます。

《参考となる法令等》

消税9①④・10①

〔7〕　相続財産が未分割の場合の納税義務の判定は？

　私の父はオフィスビルを1棟保有しており、継続して消費税の課税事業者であったが、本年10月に死亡した。父の相続人は私と妹のみであり、死亡後は私がオフィスビルを管理していた。オフィスビルは私が相続する予定だが、遺産分割は翌年3月になる予定である。

　なお、父の前々年の課税売上高は1,200万円、前年の課税売上高は1,240万円であった。

　私はサラリーマンだが、私は本年、父の基準期間における課税売上高によって納税義務の判定を行うことで課税事業者になると認識している。

結　論　　本年は免税事業者となる

ポイント

▶個人が相続によって事業を承継した場合には納税義務の免除の特例がある。

▶相続財産が未分割の場合には被相続人の基準期間における課税売上高に法定相続分に応じた割合を乗じた金額で納税義務の判定をする。

解　説

1　個人事業者の納税義務の判定

　個人事業者のその年の基準期間における課税売上高が1,000万円以下である場合（適格請求書発行事業者である場合を除きます。）には、

原則として、その年の納税義務はありません（消税9①）。

2　相続があった場合の納税義務の免除の特例

（1）　相続があった年

免税事業者である個人が相続により被相続人の事業を承継した場合のその相続があった年の納税義務の判定は、その年の基準期間における被相続人の課税売上高が1,000万円を超えるかどうかにより判定します。

この場合において、その基準期間における被相続人の課税売上高が1,000万円を超えるときは、その相続人のその相続のあった日の翌日からその年12月31日までの期間においては、納税義務は免除されません（消税10①）。

（2）　前年又は前々年に相続があった場合

免税事業者である個人がその年の前年又は前々年に相続により被相続人の事業を承継した場合のその年の納税義務の判定は、その個人のその基準期間における課税売上高とその相続に係る被相続人の基準期間における課税売上高との合計が1,000万円を超えるかどうかにより判定します（消税10②）。

3　相続財産が未分割の場合の納税義務の判定

相続があった場合の納税義務の免除の特例を適用する場合において、2以上の相続人があるときは、相続財産が分割されるまでの間は、各相続人が共同して被相続人の事業を承継したものとして取り扱います（消基通1−5−5）。

この場合において、各相続人のその課税期間に係る基準期間における課税売上高は、その被相続人の基準期間における課税売上高に各相続人の法定相続分に応じた割合を乗じた金額とします。

4　本事例の場合

（1）　本年の納税義務の判定

本事例の場合、課税事業者である父の事業を承継していますが、本年において相続財産が未分割であることから、あなたの本年の納税義務の判定は、下記のとおり行います。

① あなたの基準期間における課税売上高

0円　≦　1,000万円

② あなたの法定相続分に応じた被相続人の基準期間における課税売上高

1,200万円　×　1／2　＝　600万円　≦　1,000万円

したがって、あなたの本年の納税義務はありません。

（2）　翌年の納税義務の判定

本事例の場合、翌年3月に遺産分割が完了する予定ですが、遺産分割の効力は、相続開始時に遡って生じることとされています（民909）。

しかしながら、消費税の納税義務の有無については、帳簿の備付け（消税58）や簡易課税制度を選択する場合等の届出書の提出期限の関係上、課税期間開始の日の前日までには予知しておく必要があります。

このことから、相続があった翌年の納税義務の判定については、相続があった年の翌年の開始の日の前日（本年の末日）時点において、相続財産が未分割であるという事実に基づきその判定を行えば、その判定が認められるものと解するのが相当であると考えられています。

以上により、あなたの翌年の納税義務の判定は、下記のとおり行います。

① あなたの基準期間における課税売上高

0円　≦　1,000万円

②　あなたの基準期間における課税売上高とあなたの法定相続分に応
　じた被相続人の基準期間における課税売上高との合計額
　　　0円　＋　1,240万円　×　1／2　＝　620万円　≦　1,000万円
　したがって、あなたの翌年の納税義務はありません。

《参考となる法令等》
消税9①・10①②、消基通1－5－5

〔8〕　相続人以外が事業を承継した場合の納税義務の判定は？

　私の兄は個人事業者だったが、本年5月に死亡した。兄には配偶者と子がいたが、家業の苦労を引き継がせたくないと、弟の私に事業の全部を承継させる旨の遺言を残した（包括遺贈に該当）。

　私はサラリーマンを辞めて兄の事業を引き継いだが、私には基準期間における課税売上高がないため、消費税の納税義務はないと考えた。

　なお、兄は毎年の課税売上高が1,000万円を超えているため、消費税の課税事業者であった。

結　論　本年は課税事業者になる

ポイント

▶消費税に関連する取扱いで「相続」に関するものは、包括遺贈を含む。

解　説

1　個人事業者の納税義務の判定

　個人事業者のその年の基準期間における課税売上高が1,000万円以下である場合（適格請求書発行事業者である場合を除きます。）には、原則として、その年の納税義務はありません（消税9①）。

2　相続があった場合の納税義務の免除の特例

　その年において相続があった場合において、相続人（課税事業者を

除きます。）がその基準期間における課税売上高が1,000万円を超える
被相続人の事業を承継したときは、その相続人のその相続のあった日
の翌日からその年12月31日までの間については、納税義務は免除され
ません（消税10①）。

3　相続等の範囲

　消費税に関する法令中の用語において、「相続」には包括遺贈を含む
ものとし、「相続人」には包括受遺者を含むものとし、「被相続人」に
は包括遺贈者を含むものとされています（消税2④、消税令1④、消税規
1③）。

　包括遺贈とは、遺贈する財産を特定しないで、財産の全部又は財産
の一定の割合として他人に遺贈することをいいます（消基通1－5－
2）。

　なお、特定遺贈又は死因贈与により事業を承継した者は、相続があ
った場合の納税義務の免除の特例（消税10）の規定は適用されません（消
基通1－5－3（注））。

4　本事例の場合

　本事例の場合、課税事業者である兄の事業を包括遺贈により承継し
ているため、「相続があった場合の納税義務の免除の特例」の規定の適
用を受けます。

　したがって、あなたの基準期間における課税売上高が1,000万円以
下であっても、兄の基準期間における課税売上高が1,000万円を超え
るため包括遺贈があった日の翌日からあなたは納税義務者となりま
す。

《参考となる法令等》
消税2④・9①・10①、消税令1④、消税規1③、消基通1－5－2・1－
5－3

〔9〕　特定期間の課税売上高が1,000万円を超える場合には必ず課税事業者となる？

　私は、前年より婦人服の販売業を営んでいる個人事業者である。

　なお、開業時より現在まで従業員は雇っておらず、前年は基準期間における課税売上高及び特定期間における課税売上高がないため免税事業者であったが、本年は特定期間の課税売上高が1,000万円を超えるため課税事業者になると認識している。

結　論　免税事業者となることもできる

ポイント

▶特定期間の課税売上高による納税義務の判定については、特定期間の課税売上高に代えて、特定期間中に支払った給与等の額により判定することもできる。

解　説

1　納税義務の判定

　事業者のその課税期間の基準期間における課税売上高が1,000万円以下である場合（適格請求書発行事業者である場合を除きます。）には、原則として、その課税期間の納税義務はありません（消税9①）。

2　特定期間における課税売上高による納税義務の免除の特例

　事業者のその課税期間の基準期間における課税売上高が1,000万円以下である場合において、その事業者のその課税期間に係る特定期間

における課税売上高が1,000万円を超えるときは、その課税期間の納税義務は免除されません（消税9の2①）。

　特定期間とは次に掲げる期間をいいます（消税9の2④）。

①　個人事業者……その年の前年1月1日から6月30日までの期間

②　法人……その事業年度の前事業年度開始の日以後6か月の期間

　なお、特定期間における課税売上高による納税義務の判定においては、その特定期間における課税資産の譲渡等に係る課税売上高にかかわらず、その事業者（国外事業者を除きます。）のその特定期間中に支払った給与等の金額をもって判定することもできます（消税9の2③）。

3　本事例の場合

　本事例の場合、基準期間における課税売上高はありませんが、特定期間の課税売上高が1,000万円を超えています。

　したがって、原則的には納税義務は免除されませんが、特定期間の課税資産の譲渡等に係る課税売上高に代えて、特定期間中に支払った給与等の金額で納税義務の判定をすることで免税事業者となることもできます。

《参考となる法令等》

消税9①・9の2

〔10〕　事業年度の中途から課税事業者を選択しても設備投資に係る消費税の還付は受けられない？

　当社は不動産賃貸業を営んでいる。事業年度は4月1日から翌年3月31日までであり、継続して免税事業者である。

　この度、賃貸用倉庫のテナントが9月に退去したことに伴い、老朽化した倉庫の全面修繕を10月中に行う予定であるが、当期は免税事業者であり、前期までに課税事業者選択届出書を提出していないため、この修繕費用に係る消費税の還付を受けることはできないと考えている。

結　論	課税期間特例選択届出書と課税事業者選択届出書とを提出することで事業年度の中途から課税事業者となり還付を受けることができる

ポイント

▶課税事業者を選択しようとする者は、課税事業者選択届出書を原則として前課税期間の末日までに提出しなければ当課税期間から課税事業者になることはできない。

▶事業年度の中途から課税事業者を選択しようとする者は、課税期間特例選択届出書を提出し、事業年度の中途から3か月ごとの期間又は1か月ごとの期間を課税期間とし、かつ、修繕を行う課税期間の前課税期間の末日までに課税事業者選択届出書を提出して課税事業者となることで、この修繕に係る消費税の還付を受けることができる。

解 説

1 納税義務の判定

事業者のその課税期間の基準期間における課税売上高が1,000万円以下である場合（適格請求書発行事業者である場合を除きます。）には、原則として、その課税期間の納税義務はありません（消税9①）。

2 課税事業者の選択

免税事業者がその課税期間の基準期間における課税売上高が1,000万円以下である課税期間につき、課税事業者選択届出書を提出した場合には、その提出日の属する課税期間の翌課税期間以後の課税期間については、納税義務は免除されません（消税9④）。

なお、その翌課税期間の初日から2年を経過する日の属する課税期間の初日以後でなければ、課税事業者選択不適用届出書を提出することはできません（消税9⑥）。

3 課税期間

課税期間とは、次の事業者の区分に応じ、それぞれに定める期間をいいます。

① 個人事業者

　⑦ 原 則

　　1月1日から12月31日までの期間（消税19①一）

　④ ⑦に定める期間を3か月ごとの期間又は1か月ごとの期間に短縮することにつき課税期間特例選択・変更届出書を提出した場合

　　1月1日以後3か月ごとに区分した各期間又は1か月ごとに区分した各期間（消税19①三・三の二）

② 法 人

⑦ 原 則

事業年度（消税19①二）

④ ⑦に定める期間を３か月ごとの期間又は１か月ごとの期間に短
縮することにつき課税期間特例選択・変更届出書を提出した場合
その事業年度をその開始の日以後３か月ごとに区分した各期間
又は１か月ごとに区分した各期間（最後に３か月未満の期間又は
１か月未満の期間が生じたときはその３か月未満の期間又は１か
月未満の期間）（消税19①四・四の二）

なお、課税期間特例選択・変更届出書の効力は、その届出書の提出
日の属する３か月ごとの期間又は１か月ごとの期間の翌期間の初日以
後に生じます。

この場合において、届出の効力の生じた日の前日までの期間を一の
課税期間とみなします（消税19②）。

また、課税期間特例選択・変更届出書の効力が生ずる日から２年を
経過する日の属する期間の初日以後でなければ、課税期間特例選択不
適用届出書を提出することはできません（消税19⑤）。

4　本事例の場合

本事例の場合、前期の末日までに課税事業者選択届出書を提出して
いないため、当期は原則として課税事業者に該当せず、賃貸用倉庫の
修繕費用に係る消費税の還付を受けることはできません。

この場合、例えば、テナントが退去する９月中に課税期間を３か月
ごとの期間とするために課税期間特例選択届出書を提出し、かつ、課
税事業者選択届出書をセットで提出することで、提出日の属する３か
月ごとの期間（７月～９月）の翌期間（10月～12月）から課税事業者
となることができますので、10月中に行う予定である賃貸用倉庫の修

繕費用に係る消費税の還付を受けることができます。

　なお、課税事業者選択届出書と課税期間特例選択届出書の効力はともに２年間継続適用となるため、その期間中は３か月ごと又は１か月ごとに消費税の申告及び納付が必要となります。届出書の提出に当たっては、申告に伴う事務負担も考慮する必要があります。

《参考となる法令等》
消税9①④⑥・19①②⑤

〔11〕　相続があった場合に課税事業者選択届出書の効力は承継される？

　私の父は以前より不動産賃貸業を営んでいる個人事業者であった。

　父は継続して免税事業者であったが、前年に賃貸用店舗の建築を開始し、本年に引渡しを受ける予定であったことから、その消費税の還付を受けるため、前年中に課税事業者選択届出書を提出していた。

　ところが、本年に新店舗の引渡しを受ける前に父が亡くなったため、その賃貸用店舗を相続人である私が引渡しを受けて不動産賃貸業を開始している。

　私は相続以前には事業を営んでいなかったが、父が前年に課税事業者選択届出書を提出していたことから、その効力を承継して課税事業者となり消費税の還付を受けることができると考えている。

| 結　論 | 課税事業者選択届出書の効力は承継されないため還付を受けることはできない |

┌─── ポイント ───┐

▶被相続人が提出した課税事業者選択届出書の効力は、相続人には及ばない。したがって、相続人は新たに課税事業者選択届出書を提出しなければ課税事業者になることはできない。

▶事業を営んでいない相続人が被相続人の事業を承継した場合において、相続があった課税期間中に課税事業者選択届出書を提出したときは、その課税期間から課税事業者になることができる。

解　説

1　納税義務の判定

　事業者のその課税期間の基準期間における課税売上高が1,000万円以下である場合(適格請求書発行事業者である場合を除きます。)には、原則として、その課税期間の納税義務はありません(消税9①)。

2　課税事業者の選択

　免税事業者がその課税期間の基準期間における課税売上高が1,000万円以下である課税期間につき、課税事業者選択届出書を提出した場合には、その提出日の属する課税期間の翌課税期間以後の課税期間については、納税義務は免除されません。

　その提出日の属する課税期間が事業を開始した日の属する課税期間等である場合には、その提出日の属する課税期間以後の課税期間については、納税義務は免除されません(消税9④)。

3　相続があった場合の課税事業者選択届出書の効力等

(1)　課税事業者選択届出書の効力

　被相続人が提出した課税事業者選択届出書の効力は、相続により被相続人の事業を承継した相続人には及びません。したがって、その相続人が課税事業者を選択しようとするときは、新たに課税事業者選択届出書を提出しなければなりません(消基通1-4-12(1))。

(2)　相続により被相続人が事業を承継した場合

　事業を営んでいない相続人が相続により被相続人の事業を承継した場合において、その相続人が相続があった日の属する課税期間中に課税事業者選択届出書を提出したときは、その課税期間は事業を開始した日の属する課税期間等に該当します(消基通1-4-12(2))。

4　本事例の場合

　本事例の場合、被相続人が前年に提出した課税事業者選択届出書の効力は相続人には及ばないため、相続人は原則として課税事業者に該当せず、賃貸用店舗の建築に係る消費税の還付を受けることはできません。

　しかし、事業を営んでいない相続人が相続により被相続人の事業を承継した場合において、相続人が新たに課税事業者選択届出書を提出したときは、その提出日の属する課税期間から課税事業者となることができるため、本年中に課税事業者選択届出書を提出することで賃貸用店舗の建築に係る消費税の還付を受けることができます。

《参考となる法令等》
消税9①④、消基通1－4－12

〔12〕　相次相続があった場合の納税義務の判定は第一次相続 の被相続人の基準期間における課税売上高を考慮する？

　私の父は以前より不動産賃貸業を営んでいる個人事業者であり、継続して課税事業者であったが、前年に亡くなっている。

　父の死亡後は母がこの事業を承継していたが、母も本年に亡くなったため、母の死亡後は相続人である私がこの事業を承継している。

　母と私は相続以前に事業を営んでいないが、私の本年の基準期間における父の課税売上高が1,000万円を超えているため、本年は課税事業者になると認識している。

結　論	第一次相続の被相続人の基準期間を考慮しないため、免税事業者となる

ポイント

▶相次相続があった場合、相続があった場合の納税義務の免除の特例判定において第一次相続の被相続人の基準期間における課税売上高は加味しない。

解　説

1　個人事業者の納税義務の判定

　個人事業者のその年の基準期間における課税売上高が1,000万円以下である場合（適格請求書発行事業者である場合を除きます。）には、原則として、その年の納税義務はありません（消税9①）。

2　相続があった場合の納税義務の免除の特例

　免税事業者である個人事業者が相続により被相続人の事業を承継した場合の納税義務の判定は、その年の基準期間における被相続人の課税売上高が1,000万円を超えるかどうかにより判定します。

　この場合、その基準期間における被相続人の課税売上高が1,000万円を超えるときは、その相続人の相続のあった日の翌日からその年12月31日までの期間においては、納税義務は免除されません（消税10①）。

　なお、被相続人が相続により他の被相続人の事業を承継（相次相続）している場合における納税義務の判定については、それぞれの相続ごとに納税義務を判定することになります。

3　本事例の場合

　本事例の場合、相続があった場合の納税義務の特例判定において、第一次相続の被相続人である父の基準期間における課税売上高は考慮せず、第二次相続の被相続人である母の基準期間における課税売上高のみで判定するため、母はあなたの本年の基準期間において事業を営んでいないことから、あなたは本年免税事業者に該当します。

《参考となる法令等》

消税9①・10①

第2　課税範囲

〔13〕　株式交換により新株の交付を受けた場合には消費税法上はどのような取扱いをすればよい？

　当社は、当社が100％の株式を保有するＡ社を完全親会社とし、当社が90％の株式を保有（残りの10％はＡ社が保有）するＢ社を完全子会社とする株式交換に際し、当社が所有するＢ社株式をＡ社に移転し、新たにＡ社株式の交付を受けた。

　適格株式交換等に該当するため、Ｂ社株式の譲渡損益を法人税法上認識していないが、消費税法上も納付税額の計算に影響がないものと認識している。

> 結　論　Ｂ社株式（有価証券）の譲渡があったものとして非課税売上が計上されるため、課税売上割合に影響がある

ポイント

▶株式交換完全子法人の株主が株式交換により株式を渡す行為は消費税法上は資産の譲渡等に該当する。有価証券の譲渡として課税売上割合の分母にその対価の額の５％相当額を計上する。

解　説

1　課税の対象

　国内において事業者が行った資産の譲渡等には、消費税が課されま

す（消税4①）。

　資産の譲渡等とは、事業として対価を得て行われる資産の譲渡及び貸付け並びに役務の提供をいいます（消税2①八）。

2　資産の譲渡の範囲

　上記1の資産の譲渡とは、資産につき同一性を保持しつつ、他人に移転させることをいいます（消基通5-2-1）。したがって、資産を交換した場合も資産の譲渡等に該当するため、株式交換（会社2三十一）により株式交換完全子法人の株式を株式交換完全親法人に移転することも、ここでいう譲渡に該当します。

3　非課税

　国内において行われる資産の譲渡等のうち有価証券の譲渡は非課税とされています（消税6①・別表第2二）。

4　資産の譲渡等の対価の額

　資産を交換した場合の譲渡等の対価の額は、当該交換により取得する資産の取得の時における価額（当該交換により譲渡する資産の価額と当該交換により取得する資産の価額との差額を補うための金銭を取得する場合は当該取得する金銭の額を加算した金額とし、当該差額を補うための金銭を支払う場合は当該支払う金銭の額を控除した金額とします。）に相当する金額とされています（消税令45②四）。

5　有価証券の譲渡を行った場合の課税売上割合の計算

　事業者が有価証券の譲渡をした場合には、課税売上割合の分母の額はその譲渡に係る譲渡対価の額の5％相当額とします（消税令48⑤）。

6　たまたま土地の譲渡があった場合の課税売上割合に準ずる割合の適用の可否

　単発的な土地の譲渡があったことにより事業の実態に変動がないにもかかわらず課税売上割合が変動することに対し、「たまたま土地の譲渡があった場合の課税売上割合に準ずる割合の承認」の制度があります。

　有価証券の譲渡対価の額は、上記5のとおり、課税売上割合の計算においてその譲渡の対価の額の5％相当額を分母に算入すればよいこととされており、法令において一定の手当てがされていることから、「たまたま土地の譲渡があった場合の課税売上割合に準ずる割合の承認」と同様の方法での承認を受けることはできないこととされています（消基通11−5−7）。

7　本事例の場合

　本事例の場合、当社は消費税法上はB社株式の譲渡を行っているため、その時価の5％相当額を、課税売上割合の分母に計上します。

《参考となる法令等》

消税2①八・4①・6・28・別表第2二、消税令45②四・48⑤、消基通5−2−1・11−5−7

〔14〕　共有地の分割を行った場合、課税の対象となる？

　当社は、分譲住宅用地の造成を目的として、Ａ社と２分の１ずつの共有で土地を取得した。その造成後、当該土地の分割を行うことで同意し、共有持分に応じて土地を分割してそれぞれの単独所有にすることになった。

　この場合、当社が行った共有地の分割は、消費税の課税対象になると認識している。

結　論　課税の対象とならない

ポイント

▶共有持分に応じた共有地の分割は、資産の譲渡に該当しないものとして取り扱われる。

解　説

1　共有地の分割

　２以上の者が土地を共有している場合において、その共有地をそれぞれの共有持分に応じて分割し、それぞれ単独所有の土地としたときは、その共有地の分割は、一般的に共有持分の交換による譲渡であるとされています。

　しかし、資産の共有関係というのは、将来において行われる持分に応じた分割のための過渡的な姿にすぎないと考えられていることから、共有持分に応じた共有地の分割は、資産の譲渡に該当しないものとして取り扱われます。

2 本事例の場合

本事例の場合、分譲住宅用地を共有持分に応じて合理的に分割しているため、当該共有地の分割は資産の譲渡に該当しないものとして取り扱われることから、課税の対象とはなりません。

《参考となる法令等》

消税2①ハ・4①、消基通5－2－1、国税庁質疑応答事例「共有地の分割」

〔15〕　現物給付として事業用資産を支給する場合は課税の対象となる？

　当社は、株主総会及び取締役会の決議により、取締役Aに対して、当社の営業用車両を現物支給することとした。

　この場合、当社が行った営業用車両の現物支給は、消費税の課税対象になると認識している。

結　論　　課税の対象とならない

┌─── **ポイント** ───┐

▶消費税の資産の譲渡等には、代物弁済による資産の譲渡が含まれるが、単に現物を給付する場合には、代物弁済には該当しないため、課税の対象とならない。

└─────────────┘

解　説

1　課税の対象

　国内において事業者が行った資産の譲渡等には、消費税が課されます（消税4①）。

　この場合の資産の譲渡等とは、事業として対価を得て行われる資産の譲渡及び貸付け並びに役務の提供とされています（消税2①八）。

2　資産の譲渡等に類する行為

　資産の譲渡等には、代物弁済による資産の譲渡その他対価を得て行われる資産の譲渡及び貸付け並びに役務の提供に類する行為が含まれます（消税2①八括弧書）。

3　代物弁済による資産の譲渡

　代物弁済による資産の譲渡とは、債務者が債権者の承諾を得て、約定されていた弁済の手段に代えて他の給付をもって弁済する場合の資産の譲渡をいいます（消基通5－1－4）。

　したがって、いわゆる現物給与とされる現物による給付であっても、その現物の給付が給与の支払に代えて行われるものではなく、単に現物を給付することとする場合のその現物の給付は、代物弁済に該当しません（消基通5－1－4）。

4　本事例の場合

　本事例の場合、取締役Aに対して営業用車両を現物支給していますが、現物の給付が給与の支払に代えて行われるものではなく、単に現物を給付するものであるため、現物給与とされる給付であっても代物弁済による資産の譲渡には該当せず、課税の対象となりません。

《参考となる法令等》
消税2①八・4①、消基通5－1－4

〔16〕　法人成りの直前に有していた事業用資産を法人に譲渡せずに賃貸した場合には課税の対象となる？

　私は、配送業を営んでいる個人事業者だが、事業が好調のため、法人成りを考えている。配送業で使用していた事業用車両は法人には売却せず、適正対価で賃貸する予定である。

　この場合、個人事業者としての消費税の計算上、この事業用車両はみなし譲渡として課税の対象となると認識している。

結　論　みなし譲渡に該当しないため課税の対象とはならない

ポイント

▶みなし譲渡として課税の対象となるのは、家事のために消費し又は使用した場合であるため、継続して事業の用に供する資産はみなし譲渡に該当せず課税の対象とならない。

解　説

1　個人事業者のみなし譲渡

　個人事業者が棚卸資産又は棚卸資産以外の資産で事業の用に供していたものを家事のために消費し、又は使用した場合における当該消費又は使用は、事業として対価を得て行われた資産の譲渡とみなして、消費税の課税の対象とします（消税4⑤一）。

2　個人事業者の家事消費等

（1）　家事消費等の意義

上記1の「棚卸資産又は棚卸資産以外の資産で事業の用に供していたものを家事のために消費し、又は使用した場合」とは、その個人事業者又は生計を一にする親族の用に消費し、又は使用した場合をいいます（消基通5－3－1）。

（2）　使用の意義

上記1の「使用」とは、資産の全部又は一部を家事のためにのみ使用することをいいます。したがって、事業の用に供している自動車を家事のためにも利用する場合のように、家事のためにのみ使用する部分を明確に区分できない資産に係る利用は、上記1の「使用」には該当しません（消基通5－3－2）。

3　本事例の場合

本事例の場合、個人事業者は廃業時に事業用車両を保有していますが、事業として法人へ賃貸することから家事のために消費し又は使用した場合には該当しません。したがって、みなし譲渡には該当せず課税の対象とはなりません。

《参考となる法令等》

消税4⑤一、消基通5－3－1・5－3－2

〔17〕 保証債務を履行するために行う資産の譲渡は課税の対象となる？

　私はＡ社の代表取締役を務めているが、Ａ社の銀行借入金が返済不能となったため、保証人である私が保証債務の履行を求められた。そこで、私がＡ社の本社として貸し付けていた土地付き建物を売却して保証債務を履行した。

　この場合、私が行った土地付き建物の売却は、消費税の課税対象にならないと認識している。

結　論　　**課税の対象となる**

ポイント

▶課税の対象となる資産の譲渡等は、その原因を問わないため、他の者の債務の保証を履行するために行う資産の譲渡であったとしても課税の対象となる。

解　説

1　課税の対象

　国内において事業者が行った資産の譲渡等には、消費税が課されます（消税4①）。

　この場合の資産の譲渡等とは、事業として対価を得て行われる資産の譲渡及び貸付け並びに役務の提供とされています（消税2①八）。

2　資産の譲渡等の範囲

　資産の譲渡等には、その性質上事業に付随して対価を得て行われる

資産の譲渡及び貸付け並びに役務の提供を含むこととされています（消税令2③）。

　この場合の「その性質上事業に付随して」とは、事業活動の一環として又はこれに関連して行われる事業の用に供している建物、機械等の売却等が該当することとされています（消基通5−1−7）。

3　保証債務を履行するために行う資産の譲渡

　事業として対価を得て行われる資産の譲渡は、その原因を問いません。例えば、他の者の債務の保証を履行するために行う資産の譲渡であったとしても、事業として対価を得て行われる資産の譲渡に該当することとなります（消基通5−2−2）。

4　所得税法との関係

　所得税法においては、保証債務を履行するための資産の譲渡があった場合において、その履行に伴う求償権の全部又は一部を行使することができないときは、その行使をすることができない金額に対応する部分の金額は、譲渡所得の計算上、譲渡がなかったものとみなす特例計算（所税64②）がありますが、消費税法においてはそのような取扱いはありません。

5　本事例の場合

　本事例の場合、A社の保証債務を履行するために行われた事業用の土地付き建物の売却は、事業付随行為に該当し、また、消費税の資産の譲渡は、その原因を問いませんので、課税の対象となります。

《参考となる法令等》

消税2①八・4①、消税令2③、所税64②、消基通5−1−7・5−2−2

〔18〕　自己株式の取得及び処分は課税の対象となる？

　当社（非上場会社）は一部の株主からその発行する株式の買取りを打診されたため、その求めに応じ金銭を交付して自己株式を取得した。その後、他の既存株主からその株式を取得したい旨の申出があったため、当社はその自己株式を処分した。取得及び処分時の会社法上の手続は適法に行っている。

　当社は、自己株式の取得時の支払は仕入税額控除の対象としていないが、自己株式の処分時に受領した対価の5％相当額は課税売上割合の分母に計上するものと認識している。

結　論　　自己株式の取得及び処分は課税の対象とならない

ポイント

▶自己株式を取得する場合における株主からその法人への株式の引渡しは、資産の譲渡に該当しないため、課税の対象とならない。ただし、証券市場での買入れによる取得は、非課税とされる有価証券の譲渡として扱われる。

▶自己株式の処分は、課税の対象とならない。

解　説

1　課税の対象

　国内において事業者が行った資産の譲渡等には消費税が課されます（消税4①）。資産の譲渡等とは、事業として対価を得て行われる資産の譲渡及び貸付け並びに役務の提供をいいます（消税2①八）。

2　資産の譲渡の意義

　上記1にいう「資産の譲渡」とは、資産につきその同一性を保持しつつ、他人に移転させることをいいます（消基通5−2−1）。

3　自己株式の取扱い

（1）　取得する場合

　法人が自己株式を取得する場合における株主からその法人への株式の引渡しは、資産の譲渡等に該当しません（消基通5−2−9）。会社が自己株式を取得すると株主の権利である議決権、利益配当請求権及び残余財産分配請求権等が消滅することから、資産につきその同一性を保持しつつ他人に移転させたとはいえず、課税の対象となる資産の譲渡として扱いません。

　ただし、証券市場を通じて取得する場合には、その株式を譲渡する者は通常の株式の売却として証券会社等に引き渡すものであることから、非課税となる有価証券の譲渡に該当します（消基通5−2−9）。

（2）　処分する場合

　法人が自己株式を処分する場合における他の者への株式の引渡しは、資産の譲渡等に該当しません（消基通5−2−9）。自己株式を取得した法人がその株式を処分する場合におけるその株式の引渡しは、所有する株式の譲渡ではなく、新株の発行と同様の手続の下で行われます。

4　本事例の場合

　本事例の場合、非上場会社における自己株式の取得であるため、その取得は課税の対象とならず、その取得の対価の支払をした当社では仕入税額控除の対象となりません。

　また、自己株式の処分についても有価証券の譲渡ではなく、新株の発行として行われるものであることから課税の対象となりません。

《参考となる法令等》
消税2①八・4①、消基通5－2－1・5－2－9

〔19〕　営業の譲渡をした場合の対価の額は全て課税の対象となる？

当社は後継者不足に伴い廃業を検討しており、その一環として当社の営業の譲渡をしている。

譲渡対価は4,500万円（土地時価3,000万円、本社建物時価1,000万円、営業権500万円）であるが、その全額が課税対象になると認識している。

結　論　本社建物と営業権のみが課税対象となる

ポイント

▶営業の譲渡として営業に係る資産、負債の一切を含めて譲渡する契約をした場合、課税資産と非課税資産を一括して譲渡するものと認められることから、課税資産と非課税資産の対価の額を合理的に区分して課税することになる。

解　説

1　課税の対象

国内において事業者が行った資産の譲渡等には、消費税が課されます（消税4①）。

2　非課税

国内において行われる資産の譲渡等のうち、土地の譲渡及び貸付け等には、消費税は課されません（消税6①・別表第2一）。

3　課税資産と非課税資産を一括して譲渡した場合

　事業者が課税資産と非課税資産とを同一の者に対して同時に譲渡した場合において、これらの資産の譲渡の対価の額が課税資産の譲渡の対価の額と非課税資産の譲渡の対価の額とに合理的に区分されていないときは、その課税資産の譲渡等に係る消費税の課税標準は、これらの資産の譲渡の対価の額に、これらの資産の譲渡の時におけるその課税資産の価額とその非課税資産の価額との合計額のうちにその課税資産の価額の占める割合を乗じて計算した金額とします（消税令45③）。

4　本事例の場合

　本事例の場合、営業の譲渡の対価として4,500万円を収受していますが、この譲渡については、課税資産と非課税資産を一括して譲渡しているものと認められることから、課税資産と非課税資産の対価の額を合理的に区分して計算します。

　したがって、営業の譲渡に係る課税対象となる対価の額は、本社建物1,000万円と営業権500万円となります。土地3,000万円は非課税のため、課税標準には算入しません。

《参考となる法令等》
消税4①・6①・別表第2一、消税令45③

〔20〕　サラリーマンが副業として行う資産の譲渡は課税の対象となる？

　私はサラリーマンを行う傍ら、数年前からインターネットショップを開業し、個人事業者として物品販売業を営んでいる。

　開業年から継続して売上高は1,000万円を超えているが、利益はほとんど出ておらず、あくまでサラリーマンが本業であり、主に休日を活用してインターネットショップを運営しているため、消費税の課税の対象にはならないと認識している。

結　論　　課税の対象となる

ポイント

▶資産の譲渡が反復、継続、独立して行われる場合、サラリーマンが副業として行う資産の譲渡であっても課税の対象となる。

解　説

1　課税の対象

　国内において事業者が行った資産の譲渡等には、消費税が課されます（消税4①）。

　この場合の資産の譲渡等とは、事業として対価を得て行われる資産の譲渡及び貸付け並びに役務の提供をいうとされています（消税2①八）。

2　事業としての意義

　「事業として」とは、対価を得て行われる資産の譲渡及び貸付け並びに役務の提供が反復、継続、独立して行われることをいいます（消基通5－1－1）。

3　本事例の場合

　本事例の場合、サラリーマンが副業としてインターネットショップを運営して資産の譲渡を行っていますが、その資産の譲渡が反復、継続、独立して行われていると認められますので、その事業が副業として行われているかどうかは問わず、課税の対象となります。

《参考となる法令等》
消税2①八・4①、消基通5－1－1

〔21〕　収益補償や移転費用の補償として収受する立退料は課税の対象となる？

当社は、家主の都合により営業所として10年間賃借していた建物の賃貸借契約を解除し、建物を明け渡すこととなった。

家主との交渉の結果、立退料として、立ち退きに伴う営業の休止により生じた収益の補償金900万円、建物を明け渡すための移転費用の補償金300万円を収受した。

当社は、収益補償金900万円と移転費用の補償金300万円は共に消費税の課税対象になると考えている。

結　論　　課税の対象とならない

ポイント

▶建物の契約解除に伴い収受する立退料は、営業上の損失又は移転等に要する実費補償等に伴い収受されるものであり、資産の譲渡等の対価に該当しない。

解　説

1　課税の対象

国内において事業者が行った資産の譲渡等には、消費税が課されます（消税4①）。

この場合の資産の譲渡等とは、事業として対価を得て行われる資産の譲渡及び貸付け並びに役務の提供とされています（消税2①八）。

2　建物賃貸借契約の解除等に伴う立退料の取扱い

　建物等の賃借人が賃貸借の目的とされている建物等の契約の解除に伴い賃貸人から収受する立退料は、賃貸借の権利が消滅することに対する補償、営業上の損失又は移転等に要する実費補償などに伴い授受されるものであり、資産の譲渡等の対価に該当しません（消基通5－2－7）。

3　本事例の場合

　本事例の場合、賃借している建物の契約の解除に伴い、営業休止により生じた収益の補償金と移転費用の補償金を収受していますが、その補償金は当社の実費の補償として受け取ったものであり、資産の譲渡等の対価には該当しませんので、課税の対象とはなりません。

《参考となる法令等》
消税2①八・4①、消基通5－2－7

第3　非課税範囲

〔22〕　住宅の貸付けであることが契約で明示されていない場合は住宅以外の貸付けとして課税取引となる？

当社は平成28年よりバストイレ付の賃貸用不動産10室を有しており、大学生向けの住宅としてこれを賃貸して非課税売上としていた。

令和3年以後に締結した賃貸借契約について住宅用であることを契約で明らかにしていなかった部屋が4室見つかった。消費税の申告に当たり、この4室に係る賃貸収入について課税売上として取り扱うものと認識している。

結　論　住宅の貸付けに該当し、非課税売上として取り扱う

ポイント

▶令和2年度税制改正により、賃貸借契約で住宅の貸付けに係る用途が明らかでない場合には、その貸付け等の状況から判断することとされた。

解　説

1　住宅の貸付けの非課税

国内において行われる資産の譲渡等のうち、住宅（人の居住の用に供する家屋又は家屋のうち人の居住の用に供する部分をいいます。）の貸付け（一時的に使用させる場合その他一定の場合を除きます。）には、消費税を課しません（消税6・別表第2十三）。

2　人の居住の用に供されているか否かの判定

（1）　令和2年度改正前消費税法

　非課税となる住宅の貸付けは、「貸付けに係る契約において人の居住の用に供することが明らかにされているものに限る」こととされていたため、契約上の貸付けの用途が明らかにされていない場合には、消費税が課されていました。

（2）　令和2年4月1日以後の資産の譲渡等及び課税仕入れ

　非課税となる住宅の貸付けは、貸付けに係る契約において人の居住の用に供することが明らかにされているもののほか、その契約において貸付けに係る用途が明らかにされていない場合にその貸付け等の状況からみて人の居住の用に供されていることが明らかな場合を含むこととされました。

3　人の居住の用に供されていることが明らかな場合の意義

　上記2（2）の「その契約において貸付けに係る用途が明らかにされていない場合にその貸付け等の状況からみて人の居住の用に供されていることが明らかな場合」とは、賃借人や住宅の状況などからみて人の居住の用に供されていることが明らかな場合をいい、例えば次のような場合がこれに該当します（消基通6－13－11）。

①　住宅の賃借人が個人であって、その住宅が人の居住の用に供されていないことを賃貸人が把握していない場合

②　住宅が第三者に転貸されている場合であって、賃借人と入居者である転借人との間の契約において人の居住の用に供することが明らかにされている場合

③　住宅が第三者に転貸されている場合であって、賃借人と入居者である転借人との間の契約において貸付けに係る用途が明らかにされていないが、その転借人が個人であって、その住宅が人の居住の用

に供されていないことを賃貸人が把握していない場合

4　本事例の場合

本事例の場合、大学生向けのバストイレ付の賃貸用不動産の貸付け
は、貸付けの状況からみて人の居住の用に供されていることが明らか
であるため、賃貸借契約で住宅用であることの明示がなくても、非課
税となる住宅の貸付けとして取り扱います。

《参考となる法令等》
消税6・別表第2十三、消基通6−13−11

〔23〕 土地の貸付期間は実際の貸付期間によって判定する？

当社は、軽作業用のスペースとして使用していたＡ更地を、近隣のＢ社から一時的に資材置き場として貸してほしいとの依頼を受け、40日間の期間にわたり貸し付ける契約を結んだ。Ｂ社は当初３週間は予定どおりＡ更地を利用していたが、その後は実際には使用していなかったため、当社はＢ社にその都度許諾を得て、当社が従前のとおり軽作業用のスペースとして使用した。

更地の貸付期間は１か月に満たないものとして、消費税は非課税にならないと考えている。

結 論 　貸付期間が１か月以上として消費税は非課税となる

ポイント

▶土地の貸付期間が１か月に満たないかどうかの判定は、契約において定められた貸付期間によって判定する。

解 説

1 土地の譲渡及び貸付けの取扱い

国内において行われる資産の譲渡等のうち、土地の譲渡及び貸付けには、消費税は課されません（消税6①・別表第2一）。

2 貸付期間が1か月に満たない場合

上記1の土地の貸付けに係る期間が1か月に満たない場合には、その貸付けは非課税となる土地の貸付けから除かれ、課税の対象となり

ます（消税別表第2一、消税令8）。

3　土地の貸付期間の判定

　土地の貸付けに係る期間が1か月に満たない場合に該当するかどうかは、その土地の貸付けに係る契約において定められた貸付期間によって判定します（消基通6－1－4）。

4　本事例の場合

　本事例の場合、実際の貸付期間は1か月に満たないこととなりますが、契約において定められた貸付期間が1か月以上のため、非課税となる土地の貸付けからは除かれません。

《参考となる法令等》
消税6①・別表第2一、消税令8、消基通6－1－4

〔24〕　賃貸不動産収入を敷地部分と建物部分とに対価を区分
　　　して収受した場合、敷地部分は土地の貸付けとして非課
　　　税となる？

　当社は5年前に建物を敷地と共に購入し、その購入代価を土地部分
と建物部分とに合理的に区分して経理し、事業供用していた。本年に
入り、その建物をオフィスとして貸付けの用に供することとし、貸付
けに伴って土地部分も使用させるため、貸付時の固定資産税評価額を
基に土地部分と建物部分とに貸付けの対価の額を区分して相手方に明
示した。この場合、土地部分は消費税は非課税になるものと認識して
いる。

結　論　　賃貸料全額が建物の賃貸料として課税の対象となる

ポイント

▶建物の貸付けに伴って土地を使用させた場合でも、その対価の
　額の全額を建物の貸付けに係る対価の額とする。

解　説

1　土地の譲渡及び貸付けの取扱い

　国内において行われる資産の譲渡等のうち、土地の譲渡及び貸付け
には、消費税は課されません（消税6①・別表第2一）。

2　施設の利用に伴って土地が使用される場合

　上記1の土地の貸付けが、施設の利用に伴って土地が使用される場

合には、その貸付けは非課税となる土地の貸付けからは除かれ、課税
の対象となります（消税令8）。

3　土地付き建物等の貸付け

施設の利用に伴って土地が使用される場合のその土地を使用させる
行為は、非課税となる土地の貸付けから除かれます。例えば、建物、
野球場、プール又はテニスコート等の施設の利用が土地の使用を伴う
ことになるとしても、その土地の使用は、非課税となる土地の貸付け
には含まれません。

したがって、建物の貸付けに係る対価と土地の貸付けに係る対価と
に区分しているときであっても、その対価の額の合計額がその建物の
貸付けに係る対価の額となります（消基通6－1－5）。

建物の貸付けの対価がその所在する場所の地価によって決定される
場合が多いとしても、それは賃貸料を決める場合の一要素にすぎず、
その土地の使用は建物の貸付けに必然的に随伴するものです。敷地部
分の貸付けを区分したとしても非課税となる土地の貸付けに該当しま
せん。

4　本事例の場合

本事例の場合、オフィスとして土地部分と建物部分とに貸付けの対
価の額を区分して貸し付けていますが、その対価の額の全額が建物の
貸付けに係る対価に該当するため、土地部分の対価を含めて課税の対
象となります。

《参考となる法令等》
消税6①・別表第2一、消税令8、消基通6－1－5

〔25〕　集合住宅の各戸に割り当てられた駐車場は、住宅の貸付けとして非課税となる？

　当社は当期より集合住宅の貸付けを開始し、全戸に１台の駐車場スペースを確保し、入居者には車の所有の有無にかかわらずこれを貸し付けた上で住宅部分の家賃と併せて収受している。２台目以降の駐車場利用希望者には別途有料で貸し付けるスペースも用意しているため、駐車場１台当たりの使用料は全ての入居者が知るところとなっている。

　当社は賃料収入について、全員に割り当てている駐車場部分の料金を算出し、希望者に貸し付けている２台目以降の駐車場料金と合わせて消費税の課税対象にすると認識している。

結　論　全員に割り当てている駐車場部分は非課税となり、２台目以降の駐車料金は課税対象となる

ポイント

▶自動車の保有の有無にかかわらず割り当てられ、駐車場使用料の部分を住宅の貸付けの対価と区分せずに収受している場合には、住宅の貸付けとして非課税となる。

解　説

1　住宅の貸付け

　国内において行われる資産の譲渡等のうち、住宅の貸付けには消費税は課されません（消税6①・別表第2十三）。

2 駐車場付き住宅の貸付け

駐車場付き住宅としてその全体が住宅の貸付けとして非課税とされる駐車場には、一戸建て住宅に係る駐車場のほか、集合住宅に係る駐車場で入居者について1戸当たり1台分以上の駐車スペースが確保されており、かつ、自動車の保有の有無にかかわらず割り当てられる等の場合で、住宅の貸付けの対価とは別に駐車場使用料等を収受していないものが該当します（消基通6−13−3）。

3 本事例の場合

本事例の場合、全戸に1台の駐車場スペースが確保され、自動車の保有の有無にかかわらず割り当てられている部分については住宅の貸付けと一体となって非課税となります。

なお、希望者にのみ別途貸し付けている部分については、課税対象となります。

《参考となる法令等》

消税6①・別表第2十三、消基通6−13−3

（資料）○集合住宅の家賃又は共益費等として収受するものの課税・非課税の判定（国税庁質疑応答事例「集合住宅の家賃、共益費、管理料等の課税・非課税の判定」を加工して作成）

「賃料」又は「共益費」の内容	契約書上の表示例	課非区分
住宅貸付料	「賃料」	非課税
共用部分の管理料	「賃料には共用部分管理料を含む。」	非課税
駐車場料		
・車所有の有無にかかわら	「駐車場利用料を含む。」	非課税

ず1戸につき1台以上の駐車場が付属する場合	賃貸借物件に「駐車場」を記載。 特に記載なし。	
・上記以外の場合	「駐車場利用料を含む。」 賃貸借物件に「駐車場」を記載。 特に記載なし。	駐車場料金を合理的に区分し課税
プール・アスレチック・温泉等施設利用料		
・住人以外利用不可の場合	「(プール等施設) 利用料を含む。」 賃貸借物件に施設名を記載。 特に記載なし。	非課税
・住人以外利用可 (有料) の場合	「(プール等施設) 利用料を含む。」 賃貸借物件に施設名を記載。	利用料金を合理的に区分し課税
家具・電気製品等使用料		
・入居者の選択の如何にかかわらず、あらかじめ一定の家具等を設置して賃貸している場合	「(家具等) 使用料を含む。」 賃貸借物件に「家具」等と記載。 特に記載なし。	非課税
・入居者の選択により家具等を設置している場合	「(家具等) 使用料を含む。」 賃貸借物件に「家具」等と記載。 特に記載なし。	家具等使用料を合理的に区分し課税
倉庫使用料 (同一敷地内に設置されるもの)		
・入居者の選択にかかわらず、あらかじめ倉庫を設置している場合	「倉庫使用料を含む。」 賃貸借物件に「倉庫」と記載。 特に記載なし。	非課税

・入居者の選択により倉庫を利用させている場合	「倉庫使用料を含む。」賃貸借物件に「倉庫」と記載。特に記載なし。	倉庫使用料を合理的に区分し課税
空調施設利用料（設置済みの冷暖房施設により各戸の冷暖房及び空調を行うマンションの場合。）	「空調施設利用料を含む。」特に記載なし。	非課税
給湯施設利用料（各戸の台所・浴室・洗面所に常時給湯サービスが可能な施設を有するマンションの場合（各戸の使用実績はとらない。））	「給湯施設利用料を含む。」特に記載なし。	非課税
電気・ガス・水道利用料（各戸に対し電気・ガス・水道の供給サービスを行っているマンションの場合（各戸の使用実績はとらない。））	「（電気等）利用料を含む。」特に記載なし。	非課税
換気設備利用料（設置済みの換気設備で各戸の強制換気を行うマンションの場合。）	「換気設備利用料を含む。」特に記載なし。	非課税
衛星放送共同アンテナ使用料（各戸に配線済みであるが、衛星放送受信のためには、各戸において別途BSチューナーを設置し、個々に受信契約を締結する必要がある。）	「衛星放送共同アンテナ使用料を含む。」特に記載なし。	非課税

CATV利用料（各戸に配線済みであり、通常のテレビ放送については、アンテナ端子に配線するだけで簡単に受信できるが、有線放送や衛星放送については、各戸において別途ケーブル・テレビジョン会社と契約する。）	「CATV利用料を含む。」特に記載なし。	非課税
ハウスキーピング料		
・入居者の選択の如何にかかわらず、あらかじめハウスキーピング・サービスを付している場合	「ハウスキーピング料を含む。」特に記載なし。	非課税
・入居者の選択によりハウスキーピング・サービスを付している場合	「ハウスキーピング料を含む。」特に記載なし。	ハウスキーピング料を合理的に区分し課税
管理料（共用部分の清掃、メインテナンス等に係る費用）	「管理料を含む。」特に記載なし。	非課税
警備料		
・マンション全体の警備を行う場合	「警備料を含む。」特に記載なし。	非課税
・マンション全体の警備のほか、ホームコントロール盤により専用部分（各住宅）の防犯・防火等のチェックを行う場合	「警備料を含む。」特に記載なし。	非課税

ルーム・メインテナンス料（居室内の施設・設備のトラブルについては、専門スタッフによる修理・点検を行う。）	「ルーム・メインテナンス料を含む。」特に記載なし。	非課税
フロント・サービス料（メッセージ・サービス、荷物預かりサービス、荷物配送サービス、クリーニング取次ぎサービス等）	「フロント・サービス料を含む。」特に記載なし。	非課税

○賃料とは別に次の名目で賃貸人が収受する金銭の取扱い

請求名目	請求名目の内容	課非区分
駐車場利用料		
	車所有の有無にかかわらず1戸につき1台分以上の駐車場が付属する場合	課税
	入居者の選択により賃借する場合	課税
プール・アスレチック施設利用料		
	プール・アスレチック施設利用料	課税
	住人以外利用可	課税
家具・エアコン等使用料		
	入居者の選択にかかわらず、あらかじめ設置している場合	課税
	入居者の選択により家具等を設置している場合	課税

倉庫使用料		
	入居者の選択にかかわらず、あらかじめ設置している場合	課税
	入居者の選択により倉庫を利用させている場合	課税
衛星放送共同アンテナ使用料	各戸に配線済み。ただし、衛星放送受信のためには各戸において別途BSチューナーを設置し、個々に受信契約を締結する必要がある。	非課税
CATV利用料	各戸に配線済み。ただし、通常のテレビ放送のほか有線放送や衛星放送については、各戸において別途ケーブル・テレビジョン会社と契約する必要がある。	非課税
空調施設利用料	専用・共用部分を含めた全館の空調施設利用料	非課税
給湯施設利用料（各戸の台所・浴室・洗面所の給湯利用料）		
	各戸の使用実績を請求する場合	課税
	一定額を請求する場合	課税
電気・ガス・水道使用料		
	各戸の使用実績を請求する場合	課税
	一定額を請求する場合	課税

管理料	共用部分の管理料	
	・一戸当たり均一額を収受する場合	非課税
	・実績を各戸の専有面積で按分計算する場合	非課税
警備料		
	マンション全体の警備を行う場合	非課税
	マンション全体の警備のほか、ホームコントロール盤により専用部分（各住宅）の防犯・防火等のチェックを行う場合	非課税
ハウスキーピング料		
	定期的に全戸を対象に行う場合	課税
	希望により実施することとしている場合	課税
ルーム・メインテナンス料	居室内の施設・設備のトラブルについては、専門スタッフによる修理・点検を行う。	課税
修繕積立金	共用部分の修繕及び各戸の配管、配線、バルコニー等専用部分の修繕等に充てるため収受するもの	非課税

(注) 契約書等において賃料の明細として「○○利用（使用）料××円を含む。」との表示がある場合の当該表示された金額は、「賃料とは別の名目で収受する金銭」に該当します。

〔26〕　住宅の貸付けと譲渡の課非判定の違いは？

　青色申告者である私には居住用賃貸建物の貸付収入が年300万円あるが、この貸付収入は非課税売上であるため、他の課税売上高が800万円ほどあるものの、過去より継続して免税事業者である。なお、当年末までにこの居住用賃貸建物を900万円で売却予定だが、翌々年も引き続き免税事業者であると認識している。

結　論　課税売上高が1,000万円を超えるため、翌々年は課税事業者となる

ポイント

▶住宅の貸付けは非課税とされるが、居住用賃貸建物の譲渡については課税の対象となる。

解　説

1　課税の対象

　国内において事業者が行った資産の譲渡等には、消費税が課されます（消税4①）。

2　非課税

　国内において行われる資産の譲渡等のうち、住宅の貸付け（譲渡は含みません。）に掲げるものには、消費税は課されません（消税6・別表第2十三）。

3 本事例の場合

　本事例の場合、予定している居住用賃貸建物の「譲渡」は非課税となる住宅の「貸付け」には該当しないため、売却予定額の900万円は課税取引となり本年の課税売上高は他の課税売上高との合計で1,000万円を超えることになります。したがって、翌々年の納税義務は免除されません。

《参考となる法令等》
消税4①・6・別表第2十三

〔27〕　借地権の消滅の対価と譲渡対価の取扱いの違いは？

　当社は、当社が賃借しているＡ土地の立ち退き要請に応じてＡ土地上に当社が有する建物を当社が取り壊して、これを返還することとし、借地権の消滅の対価（立退料）として5,000万円を収受した。これを機に、隣地のＢ土地上に当社が有する建物を第三者に1,700万円で譲渡し、Ｂ土地に対して当社が有していた借地権相当額2,000万円を含んだ3,700万円をその譲渡対価として収受した。

　当社は、Ａ土地上に有していた借地権の消滅の対価5,000万円とＢ土地上に有していた借地権の譲渡対価2,000万円との双方を非課税売上高として処理するものと認識している。

結　論	Ａ土地に係る借地権の消滅の対価（立退料）は課税の対象とならない。Ｂ土地に係る借地権の譲渡は非課税資産の譲渡となる

```
                    ┌──── ポイント ────┐

▶借地権の消滅の対価は資産の譲渡には該当しないため、課税の
　対象とならない。
▶借地権の譲渡は、土地の上に存する権利の譲渡として非課税と
　なる。
```

解　説

1　課税の対象

　国内において事業者が行った資産の譲渡等には、消費税が課され

す（消税4①）。資産の譲渡等とは、事業として対価を得て行われる資産の譲渡及び貸付け並びに役務の提供をいいます（消税2①八）。

2 資産の譲渡の意義

上記1にいう「資産の譲渡」とは、資産につきその同一性を保持しつつ、他人に移転させることをいいます（消基通5−2−1）。

3 非課税

国内において行われる資産の譲渡等のうち、土地（土地の上に存する権利を含みます。）の譲渡及び貸付けには消費税が課されません（消税6①・別表第2一）。

4 土地の上に存する権利の意義

上記3の「土地の上に存する権利」とは、地上権、土地の賃借権、地役権、永小作権等の土地の使用収益に関する権利をいいます（消基通6−1−2）。

5 本事例の場合

本事例の場合、A土地に係る借地権の消滅の対価（立退料）5,000万円は、その資産につきその同一性を保持しつつ他人に移転させるものではないため、資産の譲渡には該当せず、課税の対象となりません（不課税）。B土地に係る借地権の譲渡は、土地の上に存する権利の譲渡として譲渡対価2,000万円は非課税となります。

《参考となる法令等》
消税2①八・4①・6①・別表第2一、消基通5−2−1・6−1−2

〔28〕　印刷業者が郵便ハガキへの印刷費と併せて収受するハガキ売却代金は課税の対象となる？

　印刷業を営む当社は、官製年賀ハガキを郵便局で購入し、顧客からの注文に応じてこのハガキに企業名等を印刷して販売している。注文者への印刷代金の請求はハガキ代を区分することなく一括で請求をしているが、郵便局でのハガキ購入代金を仕入税額控除の対象とはしていないことから、注文者から収受する代金のうち印刷代金相当額だけを課税の対象とすればよいと認識している。

結　論　注文者から収受する対価の全額が課税の対象となる

> ## ポイント
>
> ▶原則として収受する対価の全額が課税の対象となるが、ハガキ代を立替金の精算として注文者に請求している場合には印刷代のみを課税の対象として扱う。

解　説

1　郵便切手類の譲渡

　国内において行われる資産の譲渡等のうち、郵便切手類の譲渡には、消費税は課されません（消税6①・別表第2四イ）。

　なお、非課税となる「郵便切手類」とは、郵便切手、郵便ハガキ、郵便書簡及び特定封筒をいいます（消基通6－4－2）。

2　郵便切手類の譲渡の範囲

　上記1の非課税とされる郵便切手類の譲渡は、日本郵便株式会社が

行う譲渡及び簡易郵便局法7条1項に規定する委託業務を行う施設又は郵便切手類販売所等一定の場所における譲渡に限られます。したがって、これら以外の場所における郵便切手類の譲渡については、非課税の規定は適用されません（消基通6－4－1）。

3　取引ごとの取扱い

　取引ごとの取扱いは以下のとおりです。

取引内容	消費税の取扱い
郵便局で購入した郵便ハガキに、当社で選定した文字、図柄を印刷し、これを5枚セットにして文房具店に販売する場合	印刷業者は、自ら選定した文字や図柄を印刷した後の郵便ハガキを自己の商品として販売しているため、文房具店等から収受する印刷後の郵便ハガキに係る対価の全額が課税の対象となる。
郵便局から購入して在庫としている郵便ハガキに、企業や個人からの注文に応じて、企業名等を印刷して注文者である企業や個人に引き渡す場合	注文者から収受する対価の全額が課税の対象となる。 ただし、印刷業者において、郵便局から購入した郵便ハガキについて仮払金として経理し、注文者への請求の際には郵便ハガキの代金と印刷代金とを区分の上、郵便ハガキの代金について立替金として請求している場合には、印刷代金のみを課税の対象として取り扱う。
注文者が持ち込んだ郵便ハガキに注文者の指定する文字、図柄を印刷して引き渡す場合	印刷代金のみが課税の対象となる。

（国税庁質疑応答事例「印刷業者が郵便葉書に印刷を行う場合」を加工して作成）

4 本事例の場合

本事例の場合、当社が購入したハガキに顧客からの注文に応じて企業名等を印刷し、ハガキ代を印刷代金と区分することなく一括で請求をしているため、収受する対価の全額が課税の対象となります。

《参考となる法令等》

消税6①・別表第2四イ、消基通6－4－1・6－4－2

第 2 章

課税標準及び税率

80

〔29〕　個人が法人に低額譲渡をして時価課税とみなされた場合の消費税の課税標準は？

　不動産賃貸業を営む個人事業者の私は、親族の営む法人に対し建物を1,500万円（税抜き）で譲渡したが、時価（4,000万円）の2分の1に満たない価額での譲渡であるとして、時価相当額で譲渡があったものとみなす、いわゆる「みなし譲渡」であるとの指摘を受け、修正申告に応じた。

　これに伴い、消費税の課税標準についても時価相当額（4,000万円）を課税標準として修正申告が必要であると認識している。

| 結　論 | 実際に収受した対価の額（1,500万円）を課税標準とする |

ポイント

▶他の税法で時価譲渡があったものとみなされた場合においても、消費税法上の課税標準は、原則として実際に収受した対価の額を課税標準額とする。

解　説

1　所得税法上のみなし譲渡

　個人が、次に掲げる事由によりその有する山林又は譲渡所得の基因となる資産の移転があった場合には、その時における価額に相当する金額によりこれらの資産の譲渡があったものとみなされます（所税59①、所税令169）。

①　法人に対する贈与、限定承認に係る相続、一定の遺贈
②　法人に対する譲渡で時価の2分の1に満たないもの

2　課税標準

　課税資産の譲渡等に係る消費税の課税標準は、課税資産の譲渡等の対価の額とされています（消税28）。

3　譲渡等の対価の額

　上記2の「課税資産の譲渡等の対価の額」とは、課税資産の譲渡等に係る対価につき、対価として収受し、又は収受すべき一切の金銭又は金銭以外の物若しくは権利その他の経済的利益の額をいい、消費税額等を含みません。

　この場合の「収受すべき」とは、別に定めるものを除き、その課税資産の譲渡等を行った場合のその課税資産等の価額をいうのではなく、その譲渡等に係る当事者間で授受することとした対価の額をいいます（消基通10－1－1）。

4　譲渡等の対価の額の例外

　法人が資産を役員に譲渡した場合において、その対価の額がその譲渡の時におけるその資産の価額に比して著しく低いときは、その価額に相当する金額をその対価の額とみなします（消税28①ただし書）。

　なお、この規定の適用は役員に譲渡した場合を前提としているため、法人に低額譲渡をしてもこの規定の適用はありません。

5　本事例の場合

　本事例の場合、法人に対して著しく低い価額で譲渡しているため、所得税法上は時価相当額で譲渡があったものとみなされますが、消費

税法上は時価相当額で譲渡があったものとみなす規定はないため、実際に収受した対価の額を消費税法上の課税標準額とします。

　したがって、消費税については修正申告の必要はありません。

《参考となる法令等》

消税28、所税59①、所税令169、消基通10－1－1

〔30〕　法人成りの直前に有していた事業用資産を法人に譲渡等しなかった場合には、課税の対象としなくてよい？

　個人事業者であった私は、法人を設立してその営む事業を法人に移すこととした（いわゆる法人成り）。棚卸資産を設立直後の法人に売却したが、事業用に使用していた車両については生計を一とする親族が使用することとしたため法人には売却しなかった。個人事業者としての消費税の計算上、この事業用車両は消費税の計算に影響しないと認識している。

結　論　みなし譲渡に該当するため、車両の時価相当額を課税標準額に含める

ポイント

▶事業の廃止に伴い事業用資産に該当しなくなった車両等の資産は、事業を廃止した時点で家事のために消費又は使用したものとして、事業として対価を得てその資産を譲渡したものとみなされる。

▶この場合、事業を廃止した時のその資産の通常売買される価額（時価）に相当する金額を、事業を廃止した日の属する課税期間の課税標準額に含める必要がある。

解　説

1　個人事業者のみなし譲渡

　個人事業者が棚卸資産又は棚卸資産以外の資産で事業の用に供していたものを家事のために消費し、又は使用した場合における当該消費又は使用は、事業として対価を得て行われた資産の譲渡とみなして、

消費税の課税の対象とします（消税4⑤一）。

2　個人事業者の家事消費等

（1）　家事消費等の意義

上記1の「棚卸資産又は棚卸資産以外の資産で事業の用に供していたものを家事のために消費し、又は使用した場合」とは、その資産を個人事業者又は生計を一にする親族の用に消費し、又は使用した場合をいいます（消基通5－3－1）。

（2）　使用の意義

上記1の「使用」とは、資産の全部又は一部を家事のためにのみ使用することをいいます。したがって、事業の用に供している自動車を家事のためにも利用する場合のように、家事のためにのみ使用する部分を明確に区分できない資産に係る利用は、上記1の「使用」には該当しません（消基通5－3－2）。

3　課税標準

課税資産の譲渡等に係る消費税の課税標準は、課税資産の譲渡等の対価の額とされています（消税28①）。

なお、個人事業者が家事消費をした場合にみなし譲渡として課税の対象となるときは、家事消費等した時のその資産の価額に相当する金額が課税標準額となります（消税28③一）。

4　本事例の場合

本事例の場合、生計を一にする親族が使用することとした車両は、みなし譲渡として課税の対象となり、時価相当額を課税標準額に含める必要があります。

《参考となる法令等》
消税4⑤一・28①③一、消基通5－3－1・5－3－2

〔31〕　役員等への値引販売が給与課税される場合には消費税法上も低額譲渡として扱われる？

　当社は、一部の使用人と役員に対して、当社商品を通常の販売価額の60％相当額（当該商品の仕入金額以上）で販売し、値引分40％相当額について益金の額に算入するとともに給与の支払があったものとして源泉徴収の対象としている。

　消費税の課税標準については、実際に収受した売上代金相当額に加え、益金の額に算入した値引分40％相当額のうち、役員に対する分のみを追加で消費税の課税標準額にすればよいと認識している。

結　論　消費税法上の低額譲渡に該当しないため、実際に収受した対価の額を消費税の課税標準額とする

ポイント

▶消費税法上で低額譲渡とされるのは、役員に対する資産の譲渡金額が、譲渡時の価額の50％相当額に満たないときであるが、所得税法上で棚卸資産を値引販売した際に低額譲渡とされるのは、譲渡時の価額の70％相当額に満たないときである。
▶消費税法上の低額譲渡は、役員に対するものだけであり、使用人に対するものは含まれない。

解　説

1　課税標準

（1）原　則

　課税資産の譲渡等に係る消費税の課税標準は、課税資産の譲渡等の

対価の額とされています（消税28）。

　この対価の額は、一定の低額譲渡等に該当する場合を除き、その当事者間で授受することとした対価の額とされています。

（2）　役員に対する低額譲渡

　法人が資産をその役員に対して低額譲渡した場合において、その対価の額がその譲渡時におけるその資産の価額に比して著しく低いときは、その価額に相当する金額を上記（1）の対価の額とみなします（消税28①ただし書）。

　この場合の役員には、会社法その他の法令上の役員だけでなく、税法上役員とみなされた者（法税2十五、法税令7）を含みます（消基通5－3－3）。

2　著しく低い価額

　上記1（2）の「資産の価額に比して著しく低いとき」とは、法人のその役員に対する資産の譲渡金額が、その譲渡の時における資産の価額に相当する金額のおおむね50％相当額に満たない場合をいいます。

　なお、譲渡した資産が棚卸資産である場合において、その譲渡金額が、次の要件のいずれをも満たすときは、「資産の価額に比して著しく低いとき」に該当しないものとして取り扱います（消基通10－1－2）。

①　その資産の課税仕入れの金額以上であること

②　通常他に販売する価額のおおむね50％相当額以上であること

3　著しく低い価額とされない場合

　法人が資産を役員に対して著しく低い価額により譲渡した場合においても、その資産の譲渡が、役員及び使用人の全部につき一律に又は勤続年数等に応ずる合理的な基準により普遍的に定められた値引率に

基づいて行われた場合は、著しく低いときに該当しないものとして取り扱えます（消基通10−1−2ただし書）。

4　所得税において課税しなくても差し支えないとされる経済的利益

　役員又は使用人に対し商品、製品等の値引販売をすることにより供与する経済的利益で、次の要件のいずれにも該当する値引販売により供与するものについては、課税しなくて差し支えないこととされています（下記の要件を満たさない場合は、経済的利益について課税する必要があります。）(所基通36−23)。

① 　値引販売に係る価額が、取得価額以上であり、かつ、通常他に販売する価額に比し著しく低い価額（通常他に販売する価額のおおむね70％未満）でないこと

② 　値引率が、役員若しくは使用人の全部につき一律に、又はこれらの者の地位、勤続年数等に応じて全体として合理的なバランスが保たれる範囲内の格差を設けて定められていること

③ 　値引販売をする商品等の数量は、一般の消費者が自己の家事のために通常消費すると認められる程度のものであること

5　本事例の場合

　本事例の場合、役員に対して値引販売を行っていますが、通常の販売価額の60％相当額で販売をしているため、たとえ所得税法上は値引販売に係る経済的利益について課税されたとしても、消費税法上は低額譲渡に該当せず、実際に収受する対価の額を課税標準額とします。

《参考となる法令等》

消税28、消基通10−1−2、所基通36−23

〔32〕　役員に無償で役務の提供を行った場合に消費税法上は時価相当額を課税標準額に計上する必要がある？

　当社は、一般顧客向けに行う役務提供を、特定の役員に対して無償で行っていた。税務調査で、役務提供の適正対価に相当する金額を法人税の益金の額に算入するとともに、同額を給与の支払があったものとして役員給与の損金不算入と源泉所得税の徴収漏れを指摘された。

　消費税についても、役務提供の適正対価に相当する金額を課税標準額に計上すればよいと認識している。

結　論　　消費税については課税標準額に計上する必要はない

ポイント

▶法人がその役員に対して行う役務の提供の対価が無償又は低額であっても、これを消費税法上時価等に引き直して課税標準額を計上する取扱いはない。

解　説

1　課税標準

（1）　対価課税の原則

　課税資産の譲渡等に係る消費税の課税標準は、課税資産の譲渡等の対価の額とされています（消税28）。

　この対価の額は、一定の低額譲渡等に該当する場合を除き、その当事者間で授受することとした対価の額とされています（消税28、消基通10－1－2）。

（2）　役員に対する時価課税の特例

①　資産の贈与（みなし譲渡）

　　法人が資産をその役員に対して贈与した場合におけるその贈与
は、事業として対価を得て行われた資産の譲渡とみなします（消税4
⑤二）。

　　なお、法人がその役員に対し無償で行った役務の提供については、
この規定は適用されません（消基通5－3－5）。

②　低額譲渡

　　法人が資産をその役員に譲渡した場合において、その対価の額が
その譲渡の時におけるその資産の価額に比して著しく低いときは、
その価額に相当する金額をその対価の額とみなします（消税28①ただ
し書）。

　　なお、法人がその役員に対し著しく低い価額で役務の提供を行っ
た場合には、この規定は適用されません（消基通5－3－5）。

2　本事例の場合

　本事例の場合、役員に対して無償で役務の提供を行っていますが、
これについて消費税法上は時価相当額を課税標準額とする必要はあり
ません。

《参考となる法令等》

消税4⑤二・28、消基通5－3－5・10－1－2

第 3 章

税額控除等

92

第1 仕入れに係る消費税額の控除

1 課税売上割合

〔33〕 課税売上高がゼロの場合の仕入税額控除の計算は全額
控除方式による？

当社は設立して間もない法人であるため、当課税期間における課税
売上高はゼロで、預金利息等の非課税売上高もない。多額の設備投資
があるため課税事業者を選択した上で還付を受けるための申告を予定
しているが、課税売上割合の分母及び分子の双方がゼロであるため課
税売上割合は存在しないものと考えている。課税売上割合が95％未満
の場合には個別対応方式又は一括比例配分方式によらなければならな
いが、当社には課税売上割合が存在しないことから、これらの控除方
式によらず、いわゆる全額控除方式が採用できると認識している。

結　論	仕入税額控除は、個別対応方式又は一括比例配分方式により行う

┌──── ポイント ────┐

▶ 課税期間中の売上（資産の譲渡等）がなく、課税売上割合の計
算上の分母及び分子がともにゼロとなる場合、課税売上割合は
０％（95％未満）として取り扱われる。

解　説

1　仕入税額控除

（1）　全額控除方式

事業者が国内において行う課税仕入れについては、その課税仕入れを行った日の属する課税期間の課税標準額に対する消費税額からその課税期間中に国内において行った課税仕入れに係る消費税額を控除します（消税30①一）。

（2）　個別対応方式又は一括比例配分方式

（1）の場合において、次のいずれかに該当する場合には、仕入税額控除は個別対応方式又は一括比例配分方式によります（消税30②）。

①　その課税期間における課税売上高が5億円を超えるとき

②　その課税期間における課税売上割合が95％に満たないとき

2　課税売上割合

課税売上割合は、次の（1）の金額のうちに（2）の金額の占める割合とします（消税令48①）。

（1）　分　母

その課税期間中に国内において行った資産の譲渡等の対価の額の合計額からその課税期間中に国内において行った資産の譲渡等に係る対価の返還等の金額の合計額を控除した残額（税抜きで計算します。）

（2）　分　子

その課税期間中に国内において行った課税資産の譲渡等の対価の額の合計額からその課税期間中に国内において行った課税資産の譲渡等に係る対価の返還等の金額の合計額を控除した残額（税抜きで計算します。）

３　本事例の場合

　本事例の場合、課税期間中の課税売上高及び非課税売上高がなく、課税売上割合の計算上の分母及び分子がともにゼロとなるため、課税売上割合は０％（95％未満）として取り扱います。

　したがって、当課税期間中の課税仕入れに係る仕入控除税額の計算は、消費税法30条２項の規定が適用され、個別対応方式又は一括比例配分方式により行うことになります。

《参考となる法令等》

消税30①②、消税令48①、国税庁質疑応答事例「課税売上割合が０の場合の仕入控除税額の計算方法」

〔34〕　課税売上高がない課税期間で個別対応方式を採った場合でも仕入税額控除を受けられない？

　当社は、物品販売業を営むＡ社の持株会社として資本金5,000万円で設立された法人であり、設立期である当期は課税事業者に該当している。

　当期は、Ａ社の本社として賃貸する目的で建築した建物の課税仕入れが生じているが、当該建物の賃貸開始は翌期以降の予定であり、当期の収入は預金利息のみである。

　したがって、当期の課税売上割合はゼロとなるため、当該建物の建築に係る消費税の還付を受けることはできないと考えている。

結　論　個別対応方式を採用することで、課税資産の譲渡等にのみ要するものとして仕入税額控除の対象となる

ポイント

▶課税資産の譲渡等にのみ要するものの判定において、課税仕入れ等を行った課税期間においてその課税仕入れ等に対応する課税資産の譲渡等があったかどうかは問わない。

▶課税売上割合がゼロ（95％未満）である場合、個別対応方式又は一括比例配分方式により仕入控除税額の計算を行うこととなる。

解　説

1　仕入れに係る消費税額の控除

　課税事業者が、国内において行う課税仕入れ等については、その課

税仕入れ等を行った日の属する課税期間の課税標準額に対する消費税額から、その課税期間中に国内において行った課税仕入れに係る消費税額を控除します（消税30①）。

　なお、その課税期間における課税売上高が5億円を超えるとき、又はその課税期間における課税売上割合が100分の95に満たないときは、課税仕入れ等の税額の合計額は、次の区分に応じた方法により計算した金額とします（消税30②）。

（1）　個別対応方式

　その課税期間中に国内において行った課税仕入れ等につき、課税資産の譲渡等にのみ要するもの、その他の資産の譲渡等にのみ要するもの及び課税資産の譲渡等とその他の資産の譲渡等に共通して要するものにその区分が明らかにされている場合は、①に掲げる金額に②に掲げる金額を加算する方法

①　課税資産の譲渡等にのみ要する課税仕入れ等の税額の合計額

②　課税資産の譲渡等とその他の資産の譲渡等に共通して要する課税仕入れ等の税額の合計額に課税売上割合を乗じて計算した金額

（2）　一括比例配分方式

　その課税期間における課税仕入れ等の税額の合計額に課税売上割合を乗じて計算する方法

2　課税資産の譲渡等にのみ要するものの意義

　課税資産の譲渡等にのみ要するものとは、課税資産の譲渡等を行うためにのみ必要な課税仕入れ等をいい、例えば、次に掲げるものの課税仕入れ等がこれに該当します。

　なお、その課税仕入れ等を行った課税期間においてその課税仕入れ等に対応する課税資産の譲渡等があったかどうかは問いません（消基通11-2-10）。

① そのまま他に譲渡される課税資産
② 課税資産の製造用にのみ消費し、又は使用される原材料、容器、包紙、機械及び装置、工具、器具、備品等
③ 課税資産に係る倉庫料、運送費、広告宣伝費、支払手数料又は支払加工賃等

3　本事例の場合

　本事例の場合、A社の本社として賃貸する目的で建築した建物の課税仕入れが生じていますが、その賃貸開始は翌期からであるため、当期に課税売上高はありません。

　しかし、個別対応方式を採用した場合、その課税仕入れを行った課税期間においてその課税仕入れに対応する課税資産の譲渡等があったかどうかは問わないことから、個別対応方式の計算上、課税資産の譲渡等にのみ要するものに区分します。

　課税売上割合がゼロであったとしても、個別対応方式を採用した場合、その全額が仕入税額控除の対象となります。

《参考となる法令等》
消税30①②、消基通11－2－10

〔35〕　有価証券の譲渡でも課税売上割合に準ずる割合の適用
　　　ができる？

　当社は12月決算法人の製造業である。ここ数年、業績が低迷しているため、資金繰りの関係で保有している上場株式を一気に売却する予定である。
　ところで、たまたま土地の譲渡があった場合など、非課税売上が多額に計上される課税期間については、一定の要件を満たせば課税売上割合に準ずる割合の承認申請ができると聞いたことがある。
　当社も保有する有価証券を譲渡した場合、多額の非課税売上が計上されることから、課税売上割合に準ずる割合の承認を受けようと考えている。なお、当社の課税売上割合は毎期99.9％以上であり、毎期の課税売上高が5億円を超えるため個別対応方式で計算をしている。

結　論　課税売上割合に準ずる割合の承認を受けることはできない

ポイント

▶有価証券の譲渡については、課税売上割合の計算上、譲渡の対価の額の5％相当額を分母に算入すればよいことから、既に一定の手当がされているため、課税売上割合に準ずる割合の承認を受けることはできない。

解　説

1　課税売上割合に準ずる割合
（1）概　要
仕入控除税額を個別対応方式によって計算する場合、課税売上と非

課税売上に共通して要する課税仕入れ等に係る消費税は、原則として、課税売上割合により計算します。

　しかし、課税売上割合により計算した仕入控除税額がその事業者の事業の実態を反映していないなど、課税売上割合により仕入控除税額を計算するよりも、課税売上割合に準ずる割合によって計算する方が合理的である場合は、課税売上割合に代えて課税売上割合に準ずる割合によって仕入控除税額を計算することができます。

（2）　取扱い

　課税売上割合に準ずる割合で次に掲げる要件の全てに該当するものがあるときは、その承認を受けた日の属する課税期間以後の課税期間については、個別対応方式による場合の共通仕入控除税額（消税令47②）は、課税売上割合に準ずる割合を用いて計算した金額とします（消税30③）。

①　その割合が事業の種類又は事業に係る販売費、一般管理費等の種類に応じて合理的に算定されるものであること

②　その割合を用いて共通仕入控除税額を計算することにつき、所轄税務署長の承認を受けたものであること

2　たまたま土地の譲渡があった場合の課税売上割合に準ずる割合の承認

（1）　概　要

　たまたま土地の譲渡対価の額があったことにより課税売上割合が減少する場合で、「課税売上割合」を適用して仕入れに係る消費税額を計算するとその事業者の事業の実態を反映しないと認められるときは、「課税売上割合に準ずる割合」の承認を受けることができます（消税30③）。

（2）　承認が認められる要件

　土地の譲渡が単発のものであり、かつ、その土地の譲渡がなかった

とした場合には、事業の実態に変動がないと認められる場合に限り、次の①又は②の割合のいずれか低い割合により課税売上割合に準ずる割合の承認を与えることとして差し支えないとされています（国税庁「－平成23年6月の消費税法の一部改正関係－「95％ルール」の適用要件の見直しを踏まえた仕入控除税額の計算方法等に関するQ＆A〔Ⅰ〕【基本的な考え方編】」問30）。

　なお、土地の譲渡がなかったとした場合に、事業の実態に変動がないと認められる場合とは、事業者の営業の実態に変動がなく、かつ、過去3年間で最も高い課税売上割合と最も低い課税売上割合の差が5％以内である場合とされています。

①　その土地の譲渡があった課税期間の前3年に含まれる課税期間の通算課税売上割合（消税令53③）

②　その土地の譲渡があった課税期間の前課税期間の課税売上割合

（3）　承認を受けるための手続

　課税売上割合に準ずる割合の適用を受ける場合、課税売上割合に準ずる割合の適用承認申請書を納税地の所轄税務署長に提出し、適用を受けようとする課税期間の末日までに当該税務署長から承認を受ける必要があります（消税令47①）。

　なお、適用を受けようとする課税期間の末日までに当該承認申請書を提出し、同日の翌日以後1か月を経過する日までに納税地の所轄税務署長の承認を受けた場合は、その承認申請書を提出した日の属する課税期間の末日に承認があったものとみなされます（消税令47⑥）。

3　たまたま土地の譲渡があった場合の課税売上割合に準ずる割合の適用範囲

　たまたま土地の譲渡があった場合に課税売上割合に準ずる割合の承認を与えることとされているのは、譲渡することを予定していなかっ

た本社用地や工場用地など事業者が事業の用に供するために取得していた土地の譲渡が経営上の事情等によりたまたま発生し、その結果、課税売上割合が急激に減少したような場合において、このような取引までをも取り込んで課税売上割合により仕入控除税額の計算を行うことは事業の実態を反映したものといえず、不合理であると考えられるためです。

　なお、有価証券の譲渡についても、経営上の事情等によりたまたま発生することも考えられます。しかし、有価証券を譲渡した場合については、その譲渡の対価の額は、課税売上割合の計算において、その譲渡の対価の額の5％相当額を分母に算入すればよいこととされており、課税売上割合の計算上一定の手当がされていることから、土地の譲渡と同列に考えることは適当ではないとされています（消税令48⑤）。

　したがって、たまたま土地の譲渡があった場合の課税売上割合に準ずる割合の承認と同様の方法での承認を受けることはできません（国税庁「－平成23年6月の消費税法の一部改正関係－「95％ルール」の適用要件の見直しを踏まえた仕入控除税額の計算方法等に関するQ＆A〔Ⅰ〕【基本的な考え方編】」問31）。

4　本事例の場合

　本事例の場合、有価証券の譲渡の対価の額は、課税売上割合の計算において、その譲渡の対価の額の5％相当額を分母に算入すればよいこととされていることから、既に一定の手当がされています。

　したがって、土地の譲渡と同じように考えることは適切ではないため、たまたま土地の譲渡があった場合の課税売上割合に準ずる割合の承認と同様の方法での承認を受けることはできないとされています。

《参考となる法令等》

消税30③、消税令47①②⑥・48⑤・53③

〔36〕　債権譲渡を行うと譲渡対価の額に応じて課税売上割合が下がる？

　当社は、回収に時間を要しそうな貸付債権について、債権譲渡をすることにより資金繰りの改善を図ることを計画している。債権譲渡の対価の額が課税売上割合の分母に計上されることから、多額の債権譲渡を行った課税期間は課税売上割合が下がるものと認識している。

結　論　譲渡対価の５％相当額が課税売上割合の分母に算入される

ポイント

▶金銭債権の譲渡については、譲渡対価の額の全額ではなく、譲渡対価の額の５％相当額を課税売上割合の分母に計上する。

解　説

1　非課税

　国内において行われる資産の譲渡等のうち、有価証券その他これに類するものとして貸付金、預金、売掛金その他の金銭債権の譲渡については、消費税が課されません（消税6①・別表第2二、消税令9①四）。

2　課税売上割合の計算

　非課税となる貸付金、預金、売掛金その他の金銭債権（資産の譲渡等を行った者がその資産の譲渡等の対価として取得したものを除きます。）の譲渡をした場合には、課税売上割合の計算上、その譲渡の対価

の額の5％相当額を、資産の譲渡等の対価の額に算入します（課税売
上割合の分母に算入します。）（消税令48⑤）。

3　本事例の場合

　本事例の場合、金銭債権の譲渡によって得た対価の額に相当する金
額は非課税売上として扱い、その譲渡対価の額の5％相当額を課税売
上割合の分母に計上します。

　平成26年3月31日以前の譲渡については、その譲渡対価の額の全額
が課税売上割合の算定上分母に計上されることとなっていました。そ
の後、金融市場の発展に伴い、資金調達等の手段として貸付債権のフ
ァンド等への売却、住宅ローン債権や割賦債権等の証券化に伴う債権
譲渡など金銭債権の譲渡が行われるようになりましたが、結果として
課税売上割合が著しく低下して消費税の納付額が増加するため、円滑
な債権譲渡を妨げるおそれがあると指摘されていました。

　こうした状況を踏まえ、金銭債権の譲渡に係る課税売上割合の計算
について、有価証券等の譲渡と同様に、その譲渡対価の額の5％相当
額を資産の譲渡等の対価の額（分母）に算入することとなります。

《参考となる法令等》
消税6①・別表第2二、消税令9①四・48⑤

〔37〕　暗号資産の譲渡対価の額は課税売上割合の計算に影響がある？

当社は保有する暗号資産を国内の暗号資産交換業者を通じて譲渡した。この譲渡対価は非課税資産の譲渡であるものとして取り扱い、課税売上割合の分母にはその譲渡対価の額の５％相当額を計上するものと認識している。

結　論　非課税資産の譲渡となるが、課税売上割合の計算に影響させない

ポイント

▶国内の暗号資産交換業者を通じた暗号資産の譲渡は、支払手段等の譲渡として非課税となる。

▶その対価の額の５％相当額を課税売上割合の計算に反映させる有価証券等には該当しない。

解　説

1　非課税

国内において行われる資産の譲渡等のうち、支払手段その他これに類するものについては、消費税が課されません（消税６①・別表第２二）。

暗号資産（資金決済に関する法律に規定する暗号資産）は、消費税が非課税とされる支払手段その他これに類するものに該当します（消税令９④）。

2　課税売上割合の計算

（1）　有価証券の譲渡

　非課税となる有価証券の譲渡をした場合には、課税売上割合の計算上、その譲渡の対価の額の5％相当額を、資産の譲渡等の対価の額に算入します（課税売上割合の分母に算入します。）（消税令48⑤）。

（2）　支払手段又は暗号資産の譲渡

　非課税となる支払手段又は暗号資産の譲渡は、（1）の有価証券の譲渡と異なり、課税売上割合の計算上、資産の譲渡等の対価の額に含まれません（消税令48②一）。

3　本事例の場合

　本事例の場合、国内の暗号資産交換業者を通じた暗号資産の譲渡には消費税は課されず、課税売上割合の算出に当たって非課税売上高に含めて計算する必要もありません。

《参考となる法令等》
消税6①・別表第2二、消税令9④・48②一・⑤

2　その他

〔38〕　無償で貸し付ける社宅の購入費用は居住用賃貸建物として仕入税額控除の制限を受ける？

　当社は、従業員社宅として使用する目的で建物を購入した。この建物は居住用賃貸建物に該当するものとして、その購入費用を仕入税額控除の対象とならないものと認識している。

　なお、従業員には無償で貸し付けることが客観的に明らかとなっている。

> **結　論**　居住用賃貸建物に該当しないことから、仕入税額控除の対象となる

ポイント

▶社宅や従業員寮の購入費用は、使用料を徴収するか否かで居住用賃貸建物に該当するか否かが異なる。

解　説

1　居住用賃貸建物に係る仕入税額控除の制限

　仕入れに係る消費税額の控除の規定（消税30①）は、居住用賃貸建物に係る課税仕入れ等の税額については、適用しません（仕入税額控除はできません。）（消税30⑩）。

2　居住用賃貸建物の定義

（1）　定　　義

　居住用賃貸建物とは、事業者が国内において非課税となる住宅の貸付けの用に供しないことが明らかな建物以外の建物（高額特定資産（消税12の4①）又は調整対象自己建設高額資産（消税12の4②）に該当する建物に限ります。）をいいます（消税30⑩）。

（2）　有償で貸し付ける場合

　使用料を徴収する社宅や従業員寮は、居住用賃貸建物に該当します。

（3）　無償で貸し付ける場合

　従業員から使用料を徴収せず、無償で貸し付けることがその取得の時点で客観的に明らかな社宅や従業員寮は居住用賃貸建物に該当しません。

3　本事例の場合

　本事例の場合、従業員から使用料を徴収せず、無償で貸し付けることがその取得の時点で客観的に明らかな社宅であるため居住用賃貸建物に該当せず、その取得費は仕入税額控除の対象となります。

　なお、個別対応方式による場合の課税仕入れ等の区分は、原則として課税資産の譲渡等とその他の資産の譲渡等に共通して要するものに該当します。

《参考となる法令等》
消税30⑩、国税庁質疑応答事例「社宅に係る仕入税額控除」

〔39〕　居住用賃貸建物に係る附属設備と、その後の資本的支出は仕入税額控除ができる？

　当社は、住宅の貸付用の新築建物を当期に5億円で購入して建物勘定に計上し、建物と一体の附属設備部分1,200万円を建物本体5億円とは別に建物附属設備勘定で経理した。

　5年後には、この附属設備部分に2,000万円の資本的支出を予定しているが、当期に計上した建物附属設備1,200万円部分と5年後の資本的支出2,000万円部分について、仕入税額控除の適用を受けることができると認識している。

結　論　建物附属設備1,200万円は居住用賃貸建物に該当するため仕入税額控除の制限を受ける
居住用賃貸建物に行う2,000万円の資本的支出は、仕入税額控除の制限を受ける

ポイント

▶居住用賃貸建物となる建物の範囲には、その附属設備が含まれる。

▶居住用賃貸建物に係る資本的支出は仕入税額控除の制限を受ける。ただし、1,000万円未満（高額特定資産等に該当しない）の場合は仕入税額控除の制限を受けない。

解　説

1　居住用賃貸建物に係る仕入税額控除の制限

　仕入れに係る消費税額の控除の規定（消税30①）は、居住用賃貸建物

に係る課税仕入れ等の税額については、適用しません（仕入税額控除はできません。）（消税30⑩）。

２　居住用賃貸建物の範囲

　居住用賃貸建物とは、非課税となる住宅の貸付けの用に供しないことが明らかな建物（その附属設備を含みます。以下同じ。）以外の建物（高額特定資産又は調整対象自己建設高額資産に該当するものに限ります。）をいいます（消税30⑩）。

　なお、高額特定資産（消税12の４①）とは、棚卸資産（消税２①十五）及び調整対象固定資産（消税２①十六）のうち、その価額が1,000万円以上のものをいいます（消税令25の５①）。また、調整対象自己建設高額資産（消税12の４②）とは、高額特定資産である棚卸資産若しくは課税貨物（消税２①十一）又は他の者との契約に基づき、若しくは棚卸資産として自ら建設・製作又は製造した棚卸資産で費用の額の税抜対価の累計額が1,000万円（消税令25の５③）以上となったものをいいます。

３　居住用賃貸建物に係る資本的支出

　居住用賃貸建物に係る課税仕入れ等の税額（消税30⑩）には、その建物（その附属設備を含みます。）に係る資本的支出に係る課税仕入れ等の税額が含まれます（消基通11－７－５）。

　なお、例えば次に掲げる場合のように資本的支出自体が居住用賃貸建物の課税仕入れ等に該当しない場合には、仕入税額控除の制限（消税30⑩）は受けません（消基通11－７－５）。

①　資本的支出自体が高額特定資産（消税12の４①）の仕入れ等を行った場合に該当しない場合（1,000万円未満である場合など）

②　資本的支出自体が住宅の貸付けの用に供しないことが明らかな建物に係る課税仕入れ等に該当する場合（店舗である場合など）

4　本事例の場合

　本事例の場合、当期に支出した建物附属設備1,200万円は建物本体と併せて居住用賃貸建物とされるため、仕入税額控除の制限を受けます。

　5年後に支出を予定している建物附属設備への資本的支出は、その金額が1,000万円以上であるため仕入税額控除の制限を受けます。

《参考となる法令等》

消税12の4・30⑩、消税令25の5①、消基通11－7－5

〔40〕　住宅の貸付けの用に供される可能性がある建物であれば仕入税額控除はできない？

　当社は、店舗やオフィス賃貸向けの商業用建物を購入したが、上層階の一部にバストイレ付きの部屋があり、住宅の貸付けの用に供する可能性も捨てきれないことから、この建物は居住用賃貸建物に該当するものと考えている。

　この建物の取得に係る課税仕入れ等について、仕入税額控除の適用を受けることはできないと認識している。

| 結　論 | 用途を合理的に区分することにより、一部について仕入税額控除の適用を受けることができる |

ポイント

▶使用面積割合や使用面積に対する建設原価の割合などを用いて合理的に区分する。

解　説

1　居住用賃貸建物に係る仕入税額控除の制限

　仕入れに係る消費税額の控除の規定（消税30①）は、居住用賃貸建物に係る課税仕入れ等の税額については適用しません（仕入税額控除はできません。）（消税30⑩）。

2　居住用賃貸建物の範囲

（1）　居住用賃貸建物の範囲

　居住用賃貸建物とは、住宅の貸付けの用に供しないことが明らかな建物以外の建物をいいます（消税30⑩）。

住宅の貸付けの用に供しないことが明らかな建物	居住用賃貸建物に該当しない	仕入税額控除可
住宅の貸付けの用に供するか不明な建物	居住用賃貸建物に該当する	仕入税額控除不可
住宅の貸付けの用に供する建物		

（2）　合理的に区分している場合

　居住用賃貸建物について、その構造及び設備の状況その他の状況により「住宅の貸付けの用に供しないことが明らかな部分」と「それ以外の部分」とに合理的に区分しているときは、「それ以外の部分」についてのみ、仕入れに係る消費税の控除の対象外（消税30⑩）とします（消税令50の2）。

　なお、「住宅の貸付けの用に供しないことが明らかな部分がある居住用賃貸建物」とは、建物の一部が店舗用の構造等となっている居住用賃貸建物をいいます（消基通11－7－3）。

　また、「合理的に区分している」とは、使用面積割合や使用面積に対する建設原価の割合など、その建物の実態に応じた合理的な基準により区分していることをいいます（消基通11－7－3）。

3　本事例の場合

　本事例の場合、建物の一部が店舗用等の構造となっていることから、これを「住宅の貸付けの用に供しないことが明らかな部分」と「それ以外の部分」とに合理的に区分することで、「住宅の貸付けの用に供しないことが明らかな部分」については、仕入税額控除の適用を受けることができます。

《参考となる法令等》

消税30⑩、消税令50の2、消基通11－7－3、国税庁質疑応答事例「建物の一部が店舗用となっている居住用賃貸建物の取得に係る仕入税額控除の制限」

〔41〕 未成工事支出金や建設仮勘定の仕入税額控除のタイミングは？

当社は戸建ての注文販売を営んでいる建設業である。注文住宅の建築中に支払った材料や外注費の建設原価については、客への引渡日まで未成工事支出金として経理しているが、仕入税額控除はそれぞれ課税仕入れ等を行った日の属する課税期間で計算をしている。

ところで、当社はより一層の顧客獲得のため、自社ショールームの建築を行う予定である。ショールームの建築に当たり、設計士に設計料として支払った500万円を建設仮勘定として経理しているが、支払った当課税期間中に仕入税額控除をしようと考えている。

なお、設計士による役務提供の完了日は翌課税期間となる見込みである。

結 論　役務提供完了日である翌課税期間に仕入税額控除をすることができる

ポイント

- ▶未成工事支出金や建設仮勘定については、支払日の属する課税期間に仕入税額控除を行うことはできず、課税仕入れ等を行った日の属する課税期間で仕入税額控除を行う。
- ▶設計士による役務の提供は、当課税期間中に完了していないため、当課税期間中に仕入税額控除をすることができない。

解 説

1 課税仕入れ等を行った日の意義

課税仕入れ等を行った日とは、課税仕入れに該当することとされる

資産の譲受け若しくは借受けをした日又は役務の提供を受けた日をいい、これらの日がいつであるかについては、別に定めるものを除き、資産の譲渡等がいつ行われたかの取扱いに準じます（消基通11－3－1）。

2　未成工事支出金と建設仮勘定の仕入税額控除の時期

　事業者が、建設工事等に係る目的物の完成前に行ったその建設工事等のための課税仕入れ等の金額について未成工事支出金や建設仮勘定として経理した場合においても、その課税仕入れ等については、その課税仕入れ等をした日の属する課税期間において仕入れに係る消費税額の控除の規定が適用されます。また、その未成工事支出金や建設仮勘定として経理した課税仕入れ等につき、その目的物の引渡しをした日の属する課税期間において課税仕入れ等としているときはこれを認めることとされています（未成工事支出金については継続適用が条件となります。）（消基通11－3－5・11－3－6）。

3　本事例の場合

　本事例の場合、設計士への支払を建設仮勘定として経理していますが、設計士による役務提供が当課税期間中に完了していないため、当課税期間では仕入税額控除をすることができず、役務提供が完了した翌課税期間において仕入税額控除を行うことになります。

　未成工事支出金や建設仮勘定については、着手金、前渡金、中間金など、いろいろな名目での支払がなされますが、支払時に仕入税額控除を行うのではなく、これらの支払が課税仕入れ等に該当する日をもって仕入税額控除を行うことに留意する必要があります。

《参考となる法令等》
消基通11－3－1・11－3－5・11－3－6

〔42〕　土地勘定で経理処理された場合でも仕入税額控除の対象となる？

　当社は不動産賃貸業を営んでいる。先日、マンションを購入したが、購入後すぐにマンションの取壊しを行った。

　なお、今後その土地の上には居住用の賃貸マンションを建築する予定である。

　ところで、会計処理上、マンションの購入費用とその取壊費用については、土地の取得価額に算入するため、実質的には土地の購入金額の一部として、これらに係る消費税は仕入税額控除の対象にならないと考えている。

結　論　仕入税額控除の対象となる

ポイント

▶建物の購入費用とその取壊費用については、それぞれ課税仕入れ等に該当するため、会計処理上は土地の取得価額に算入されたとしても仕入税額控除の対象となる。

▶個別対応方式を適用する場合は、非課税資産の譲渡等にのみ要するものに該当するため、結果として仕入税額控除をすることができない。

解　説

1　土地とともに取得した建物等の取壊費用等の取扱い

　法人が建物等の存する土地を建物等とともに取得した場合におい

て、その取得後おおむね１年以内にその建物等の取壊しに着手する等、当初からその建物等を取り壊して土地を利用する目的であることが明らかであると認められるときは、その建物等の取壊しの時における帳簿価額及び取壊費用の合計額は、その土地の取得価額に算入します（法基通７－３－６）。

2　仕入れに係る消費税額の控除

　事業者（免税事業者を除きます。）が、国内において行う課税仕入れ等については、その課税仕入れ等を行った日の属する課税期間の課税標準額に対する消費税額から、その課税期間中に国内において行った課税仕入れに係る消費税額を控除します（消税30①）。

　なお、課税期間における課税売上高が５億円を超えるとき、又はその課税期間における課税売上割合が100分の95に満たないときは、課税仕入れ等の税額の合計額は、次の区分に応じた方法により計算した金額とします（消税30②）。

① 個別対応方式

　その課税期間中に国内において行った課税仕入れ等につき、課税資産の譲渡等にのみ要するもの、その他の資産の譲渡等にのみ要するもの及び課税資産の譲渡等とその他の資産の譲渡等に共通して要するものにその区分が明らかにされている場合は、㋐に掲げる金額に㋑に掲げる金額を加算する方法

　㋐　課税資産の譲渡等にのみ要する課税仕入れ等の税額の合計額

　㋑　課税資産の譲渡等とその他の資産の譲渡等に共通して要する課税仕入れ等の税額の合計額に課税売上割合を乗じて計算した金額

② 一括比例配分方式

　その課税期間における課税仕入れ等の税額の合計額に課税売上割合を乗じて計算する方法

3 課税資産の譲渡等以外の資産の譲渡等にのみ要するものの意義

個別対応方式による仕入税額控除に規定するその他の資産の譲渡等にのみ要するものとは、非課税資産の譲渡等を行うためにのみ必要な課税仕入れ等をいい、例えば、販売用の土地の造成に係る課税仕入れ、賃貸用住宅の建築に係る課税仕入れがこれに該当します（消基通11-2-15）。

4 本事例の場合

本事例の場合、マンションの購入費用とその取壊費用については、それぞれ建物の購入の対価及び建物の取壊しという役務提供の対価であることから、課税仕入れに該当します。したがって、会計処理上は土地の取得価額に算入されたとしても仕入税額控除の対象となります。しかし、その後居住用の賃貸マンションを建築することから、これらの課税仕入れは非課税資産の譲渡等にのみ対応することとなり、個別対応方式による場合にはその他の資産の譲渡等にのみ要するものとして、結果として仕入税額控除ができないことになります。

なお、一括比例配分方式を採用する場合、課税売上割合に対応する部分は仕入税額控除となります。

《参考となる法令等》
消税30①②、消基通11-2-15、法基通7-3-6

〔43〕　従業員に支給する在宅勤務手当は課税仕入れに該当する？

　当社は、新型コロナウイルス感染症の流行に伴い一部の従業員について在宅勤務を実施しており、その在宅勤務を行う従業員に対して毎月5,000円を支給している。

　その在宅勤務手当は、従業員が在宅勤務に通常必要な費用として使用しなかった場合でも返還する必要がないものであり、経理処理等の煩雑さを考慮して、その精算は行っていない。

　しかし、従業員が在宅勤務に必要な費用に充当する目的で支給しているものであるため、課税仕入れに該当するものと認識している。

結　論　　課税仕入れとならない

ポイント

▶在宅勤務手当などで、その使途が明らかにされていない場合には、課税仕入れとならない。

解　説

１　課税仕入れ

　事業者が、事業として他の者から資産を譲り受け、若しくは借り受け、又は役務の提供（給与等を対価とする役務の提供を除きます。）を受けることをいいます（消税２①十二）。

2　本事例の場合

　本事例の場合、従業員に対して、在宅勤務に必要な費用に充当する目的として在宅勤務手当を支給していますが、当該手当について精算はされておらず、かつ、所得税法上はその支給を受けた従業員に対する給与として取り扱われることから、課税仕入れには該当しません。

《参考となる法令等》
消税2①十二

第2　仕入れに係る消費税額の調整

〔44〕　居住用賃貸建物は仕入れ等の日以後、譲渡又は転用した場合に消費税額の調整が必要？

　不動産業を営んでいた私の父は、購入の時点で居住用賃貸建物に該当しないことを明らかにできなかったＡ建物について、課税期間の末日においても居住用賃貸建物に該当しないことを明らかにできなかったため、Ａ建物の購入に係る消費税額を仕入税額控除の対象としなかった。

　父からＡ建物を相続した私は、父の購入から１年後に課税賃貸用に転用したが、その１年後（購入から２年後）には販売したため、第三年度の課税期間の末日にはＡ建物を有していなかった。Ａ建物に係る課税仕入れ等の税額について、仕入税額控除は受けられないと認識している。

結論　居住用賃貸建物を譲渡した課税期間で、仕入れに係る消費税額の調整をすることとなる

ポイント

▶居住用賃貸建物に該当するか否かの判定は、課税仕入れを行った日のほか、課税期間の末日でも行える。
▶居住用賃貸建物を課税賃貸用に転用した場合には、消費税額の調整を行う必要がある。
▶居住用賃貸建物を譲渡した場合には、消費税額の調整を行う必要がある。
▶居住用賃貸建物の取得等に係る調整は、相続等によって事業を承継した者についても適用がある。

解　説

1　居住用賃貸建物の判定時期

　居住用賃貸建物に該当するかどうかは、課税仕入れを行った日の状況により判定します。なお、同日において住宅の貸付けの用に供しないことが明らかでない建物については、課税期間の末日において住宅の貸付けの用に供しないことが明らかにされたときは、居住用賃貸建物に該当しないものとして差し支えないこととされています（消基通11－7－2）。

2　居住用賃貸建物の取得等に係る消費税額の調整

（1）　課税賃貸用に転用した場合

　「居住用賃貸建物の取得等に係る仕入税額控除の制限」（消税30⑩）の適用を受けた居住用賃貸建物について、課税賃貸用に転用した場合として次のいずれにも該当する場合には、次の算式で計算した消費税額を第三年度の課税期間の仕入控除税額に加算します（消税35の2①）。

（課税賃貸用に供した場合）

① 第三年度の課税期間の末日にその居住用賃貸建物を有している
② その居住用賃貸建物の全部又は一部を調整期間に課税賃貸用に供している

$$\text{加算する消費税額} = \text{居住用賃貸建物の課税仕入れ等に係る消費税額} \times \frac{\text{Aのうち課税賃貸用に供したものに係る金額}}{\text{調整期間に行った居住用賃貸建物の貸付けの対価の額の合計額（A）}}$$

　なお、上記用語の意味は以下のとおりです。

①　第三年度の課税期間

　居住用賃貸建物の仕入れ等の日の属する課税期間の開始の日から

　3年を経過する日の属する課税期間（消税35の2③）

②　調整期間

　居住用賃貸建物の仕入れ等の日から第三年度の課税期間の末日までの間（消税35の2①）

③　課税賃貸用

　非課税とされる住宅の貸付け以外の貸付けの用（消税35の2①）

④　対価の額

　税抜金額で対価の返還等がある場合には、その金額を控除した残額

（2）　他の者に譲渡した場合

　「居住用賃貸建物の取得等に係る仕入税額控除の制限」（消税30⑩）の適用を受けた居住用賃貸建物の全部又は一部を調整期間に他の者に譲渡した場合には、次の算式で計算した消費税額を譲渡した日の属する課税期間の仕入控除税額に加算します（消税35の2②）。

$$\begin{matrix}加算する \\ 消費税額\end{matrix} = \begin{matrix}居住用賃貸建物の \\ 課\,税\,仕\,入\,れ\,等\,に \\ 係る消費税額\end{matrix} \times \frac{\begin{matrix}Bのうち課税賃貸用に \\ 供したものに係る金額\end{matrix} + Cの金額}{\begin{matrix}課税譲渡等調整期間に \\ 行った居住用賃貸建物 \\ の貸付けの対価の額の \\ 合計額（B）\end{matrix} + \begin{matrix}居住用賃貸建物 \\ の譲渡の対価の \\ 額（C）\end{matrix}}$$

　なお、課税譲渡等調整期間とは、居住用賃貸建物の仕入れ等の日からその居住用賃貸建物を他の者に譲渡した日までの間のことです。

（3）　相続又は合併等により引き継いだ者

　上記(1)及び(2)の居住用賃貸建物の取得等に係る消費税額の調整（消税35の2①②）は、次の事業者（免税事業者を除きます。）についても適用があります。

①　相続により当該居住用賃貸建物に係る事業を承継した相続人

②　合併により当該事業を承継した合併法人

③　分割により当該居住用賃貸建物に係る事業を承継した分割承継法
人

3　本事例の場合

　本事例の場合、父が課税仕入れを行った日及びその日の属する課税
期間の末日において、A建物が居住用賃貸建物に該当しないことが明
らかではないため、居住用賃貸建物として仕入税額控除の制限を受け
ます。

　その後、調整期間中に課税賃貸用に転用していますが、第三年度の
課税期間の末日においてA建物を有していないため、課税賃貸用に転
用した場合の仕入れに係る消費税額の調整の適用はありません。

　しかしながら、調整期間中に他の者に譲渡しているため、譲渡した
課税期間において仕入れに係る消費税額の調整が必要となります。

　これらの調整は、父から居住用賃貸建物に係る事業を相続したあな
たについても適用があります。

《参考となる法令等》
消税30⑩・35の2、消基通11-7-2

第 4 章

簡易課税

126

〔45〕　簡易課税制度を選択した後に高額特定資産を取得した場合、翌課税期間から簡易課税制度を適用できる？

　当社は12月決算法人の製造業である。翌課税期間から簡易課税制度を選択するため、当期の２月中に簡易課税制度選択届出書を提出している。ところで、当社は当期の12月中に1,200万円の機械を設備投資する予定である。既に簡易課税制度選択届出書の提出をしているので、翌課税期間から簡易課税制度が適用できると認識している。

結　論　　翌課税期間は簡易課税制度の適用ができない

ポイント

▶高額特定資産の仕入れ等の日の属する課税期間の初日から一定の期間は簡易課税制度選択届出書の提出をすることができない。

▶簡易課税制度選択届出書の提出日以後、その提出日の属する課税期間中に高額特定資産の仕入れ等を行った場合には、提出した簡易課税制度選択届出書は提出がなかったものとみなされる。

解　説

1　中小事業者の仕入れに係る消費税額の控除の特例の制限

　事業者が事業者免税点制度及び簡易課税制度の適用を受けない課税期間中に高額特定資産の仕入れ等を行った場合には、その高額特定資産の仕入れ等の日の属する課税期間の初日から、同日以後３年を経過

する日の属する課税期間の初日の前日までの期間においては、簡易課税制度選択届出書の提出をすることができません（消税37③三）。

　また、高額特定資産の仕入れ等を行った日の属する課税期間の初日からその高額特定資産の仕入れ等を行った日までの間に、簡易課税制度選択届出書を提出しているときは、その届出書の提出はなかったものとみなされます（消税37④、消基通13－１－４の２）。

２　高額特定資産の範囲

　高額特定資産とは、棚卸資産及び調整対象固定資産（消税２①十六）のうち、一の取引の単位に係る支払対価の額が税抜き1,000万円以上のものをいいます（消税12の４①、消税令25の５）。

３　本事例の場合

　本事例の場合、1,200万円の機械を取得することは、高額特定資産の仕入れに該当するため、２月に提出した簡易課税制度選択届出書の提出は、なかったものとみなされます。

　したがって、翌課税期間と翌々課税期間については原則課税制度となります。

《参考となる法令等》
消税12の４①・37③三④、消税令25の５、消基通13－１－４の２

〔46〕　原則課税制度の下で高額特定資産の仕入れを行った場合、翌期は簡易課税制度の適用が必ず制限される？

　当社は12月決算法人の製造業である。毎年簡易課税制度により消費税の申告をしていたが、2年前に特需があり、基準期間における課税売上高が5,000万円を超えることから当課税期間は原則課税制度で申告することになる。この原則課税制度のタイミングで1,200万円の機械を設備投資する予定だが、高額特定資産の取得に該当するため翌課税期間（基準期間における課税売上高は5,000万円以下）は原則課税制度により申告しなければならないと認識している。

結　論　　**翌課税期間は簡易課税制度が適用される**

ポイント

▶従来から簡易課税制度の適用を受けていた事業者が、たまたま原則課税制度が適用される課税期間中に高額特定資産の取得をした場合にまで簡易課税制度の適用が制限されるわけではない。

解　説

1　中小事業者の仕入れに係る消費税額の控除の特例の制限

　事業者が事業者免税点制度及び簡易課税制度の適用を受けない課税期間中に高額特定資産の仕入れ等を行った場合には、その高額特定資産の仕入れ等の日の属する課税期間の初日から、同日以後3年を経過

する日の属する課税期間の初日の前日までの期間においては、簡易課税制度選択届出書の提出をすることができません（消税37③三）。

2　高額特定資産の範囲

　高額特定資産とは、棚卸資産及び調整対象固定資産（消税２①十六）のうち、一の取引の単位に係る支払対価の額が税抜き1,000万円以上のものをいいます（消税12の４①、消税令25の５）。

3　簡易課税制度選択届出書の効力

　簡易課税制度選択届出書を提出した事業者は、基準期間における課税売上高が5,000万円を超えることにより簡易課税制度を適用することができなくなった場合又は免税事業者となった場合であっても、その後の課税期間において基準期間における課税売上高が1,000万円を超え5,000万円以下となったときには、簡易課税制度選択不適用届出書を提出している場合を除き、再び簡易課税制度が適用されることとなります（消基通13－１－３）。

4　本事例の場合

　本事例の場合、原則課税制度により申告することとなる当課税期間中に高額特定資産の仕入れを行っていますが、簡易課税制度選択届出書を提出している事業者の基準期間における課税売上高が5,000万円を超えたことにより原則課税制度が適用される場合には、高額特定資産の仕入れ等を行った場合の簡易課税制度の適用の制限はありません。

　したがって、翌課税期間は基準期間における課税売上高が5,000万円以下であることから、簡易課税制度が適用されます。

　なお、翌課税期間から簡易課税制度の適用を受けるに当たっては、過去に提出がされている簡易課税制度選択届出書の効力により、新たに簡易課税制度選択届出書を提出する必要はありません。

《参考となる法令等》
消税12の4・37③三、消税令25の5、消基通13－1－3

〔47〕　簡易課税制度で売上の事業区分をしていない場合の計算方法は？

　私は鮮魚小売店を経営している個人事業者である。客は一般の消費者のみだが、最近はサービス向上の一環として、馴染みの客限定で焼き魚など加工食品の販売も始めた。加工食品の売上は全体的にみると非常に僅少なため、小売業の売上と区分しなくてもよいと思っている。

結　論　最も低いみなし仕入率に係る事業区分で計算しなければならない

ポイント

▶小売業は第2種事業であるが、加熱して販売する行為は軽微な加工ではないため第3種事業となる。
▶簡易課税制度で事業ごとの売上を区分していない場合、区分していない事業のうち、最も低いみなし仕入率に係る事業区分で計算することになる。

解　説

1　簡易課税制度の事業区分とみなし仕入率

　簡易課税制度の事業区分とみなし仕入率は以下のとおりです（消税令57①⑤）。

① 第1種事業（卸売業）……90%
② 第2種事業（小売業、農業・林業・漁業（飲食料品の譲渡に係る事業に限ります。））……80%

③　第3種事業（農業・林業・漁業（飲食料品の譲渡に係る事業を除きます。）、鉱業、建設業、製造業、電気業、ガス業、熱供給業及び水道業）……70%

④　第4種事業（第1種事業、第2種事業、第3種事業、第5種事業及び第6種事業以外の事業）……60%

⑤　第5種事業（運輸通信業、金融業及び保険業、サービス業（飲食店業に該当するものを除きます。））……50%

⑥　第6種事業（不動産業）……40%

　なお、第1種事業（卸売業）及び第2種事業（小売業）は、他の者から購入した商品をその性質及び形状を変更しないで販売する事業とされています。軽微な加工であれば性質及び形状を変更しないものとして取り扱うことができますが、加熱処理した場合は軽微な加工に該当せず、第3種事業（製造業）となります（消基通13－2－2・13－2－3、木村剛志・中村茂幸編『実務家のための消費税実例回答集』877〜879頁（税務研究会出版局、第11訂版、2022））。

2　簡易課税制度で事業ごとの売上を区分していない場合

　2種類以上の事業を営む事業者が課税売上を事業ごとに区分していない場合には、この区分をしていない部分については、その区分していない事業のうち最も低いみなし仕入率を適用して仕入控除税額を計算します（消税令57④）。

3　簡易課税制度の特例計算

　2種類以上の事業を営む事業者で、1種類の事業の課税売上高が全体の課税売上高の75%以上を占める場合には、その事業のみなし仕入率を全体の課税売上に対して適用することができます（消税令57③）。

　また、3種類以上の事業を営む事業者で、特定の2種類の事業の課

税売上高の合計額が全体の課税売上高の75％以上を占める事業者については、その２業種のうちみなし仕入率の高い方の事業に係る課税売上高については、そのみなし仕入率を適用し、それ以外の課税売上高については、その２種類の事業のうち低い方のみなし仕入率をその事業以外の課税売上に対して適用することができます（消税令57③）。

　この特例計算の適用に当たっては、課税資産の譲渡等につき事業の種類ごとに区分しておく必要があります（消基通13－３－１）。

4　事業の種類が区分されているかどうかの判定

　事業ごとの区分については、帳簿に事業の種類を記帳する方法のほか、原始帳票等である売上伝票などで合理的に区分することで、事業ごとの区分をしていると判断されます（消基通13－３－１）。

5　本事例の場合

　本事例の場合、非常に少額とはいえ第３種事業を行っていることから、事業ごとの区分をしていなければ全て第３種事業として計算をしなければなりません。

　しかしながら、事業ごとの区分をすることで、簡易課税制度の特例計算を適用することができるため、本事例の場合であれば全て第２種事業として申告をすることが可能です。

　簡易課税制度の計算については、販売先（事業者又は消費者）や販売方法（そのまま販売又は加工をした上で販売）などをしっかりと確認をする必要があります。

《参考となる法令等》

消税37、消税令57①③④⑤、消基通13－２－２・13－２－３・13－３－１、国税庁質疑応答事例「事業の種類が区分されていない場合」

〔48〕　簡易課税制度で建設業や製造業は必ず第３種事業となる？

　私は大工工事業で生計を立てているが、本年から消費税の納税義務が発生するため、簡易課税制度により申告する予定である。

　ところで、大工には自身で材料を調達して工事を行う者と、私のように工務店から無償で材料の支給を受けて、加工だけ行う者がいる。いずれも大工工事業は日本標準産業分類の大分類では建設業に該当するため、簡易課税制度の事業区分は第３種事業として申告をしようと考えている。

結　論　第４種事業に該当する

ポイント

▶日本標準産業分類の大分類において建設業や製造業とされる事業であっても、材料等の無償支給を受けて、加工賃等を対価とする役務の提供を行う事業は、第４種事業に該当する。

解　説

1　簡易課税制度の第３種事業及び第４種事業の区分とそのみなし仕入率

　簡易課税制度の第３種事業及び第４種事業の区分とそのみなし仕入率は以下のとおりです（消税37①一、消税令57①⑤）。

① 　第３種事業（農業・林業・漁業（飲食料品の譲渡に係る事業を除きます。）、鉱業、建設業、製造業、電気業、ガス業、熱供給業及び

水道業）……70％

　なお、第3種事業のうち、第1種事業、第2種事業に該当するもの及び加工賃その他これに類する料金を対価とする役務の提供を行う事業は第3種事業から除かれます。

②　第4種事業（第1種事業、第2種事業、第3種事業、第5種事業及び第6種事業以外の事業）……60％

2　第3種事業、第5種事業及び第6種事業の範囲

　第3種事業に該当することとされている製造業等、第5種事業に該当することとされているサービス業等、第6種事業に該当することとされている不動産業の範囲は、おおむね日本標準産業分類（総務省）の大分類に掲げる分類を基礎として判定します。

　なお、製造業等に該当する事業であっても、加工賃その他これに類する料金を対価とする役務の提供を行う事業は、第4種事業に該当します（消基通13−2−4）。

3　加工賃その他これに類する料金を対価とする役務の提供の意義

　加工賃その他これに類する料金を対価とする役務の提供とは、日本標準産業分類の大分類の区分で判定した結果、製造業等に該当することとなる事業に係るもののうち、対価たる料金の名称のいかんを問わず、他の者の原料若しくは材料又は製品等に加工等を施して、その加工等の対価を受領する役務の提供又はこれに類する役務の提供をいいます。

　なお、その役務の提供を行う事業は第4種事業に該当します（消基通13−2−7）。

4　本事例の場合

　本事例の場合、材料の無償支給を受けているため、加工賃等を対価とする役務の提供に該当します。

　したがって、簡易課税制度の事業区分については、日本標準産業分類の大分類の区分上、建設業であっても加工賃等を対価とする役務の提供に該当するため、第3種事業ではなく、第4種事業に該当します。

　簡易課税制度の計算については、事業区分だけでなく、事業の商流などもしっかりと確認をする必要があります。

《参考となる法令等》
消税37①、消税令57①⑤、消基通13－2－4・13－2－7

〔49〕　事業廃止届出書を提出した場合の簡易課税制度選択届出書の効力は継続する？

　私は、飲食店を営む個人事業者である。本年から消費税の納税義務が発生するため、簡易課税制度により申告する予定である。

　ところで、私は10年前に家庭の事情により消費税の事業廃止届出書を所轄の税務署長へ提出し、一度閉店した経緯がある。しかし、事業廃止届出書は提出したものの、簡易課税制度選択不適用届出書は提出していなかったため、新たに簡易課税制度選択届出書の提出はしなくても、その効力は継続しているものと考えている。

結論　簡易課税制度は適用できない

ポイント

▶事業廃止届出書を提出した場合、簡易課税制度選択不適用届出書の提出があったものとして取り扱われる。

解説

1　事業を廃止した場合の消費税に関する届出書の取扱い

　個人事業者が事業を廃止した場合には、次の表に記載のとおり、消費税に関する各種届出書の提出が必要となります。

届出書等	内　容	提出期限等
事業廃止届出書	課税事業者が事業を廃止した場合	事由が生じた場合速やかに
課税事業者選択不適用届出書	課税事業者を選択している事業者が事業を廃止した場合	事由が生じた場合速やかに

簡易課税制度選択不適用届出書	簡易課税制度を選択している事業者が事業を廃止した場合	事由が生じた場合速やかに
課税期間特例選択不適用届出書	課税期間の特例を選択している事業者が事業を廃止した場合	事由が生じた場合速やかに
任意の中間申告書を提出することの取りやめ届出書	任意の中間申告制度を適用している事業者が事業を廃止した場合	事由が生じた場合速やかに
申告期限延長不適用届出書	確定申告の期限の延長特例の適用を受けている事業者が事業を廃止した場合	事由が生じた場合速やかに

（国税庁タックスアンサーNo.6603「個人事業者が事業を廃止した場合」を加工して作成）

　なお、事業廃止により、「課税事業者選択不適用届出書」、「簡易課税制度選択不適用届出書」、「課税期間特例選択不適用届出書」、「任意の中間申告書を提出することの取りやめ届出書」、「申告期限延長不適用届出書」のいずれかの届出書に事業を廃止した旨を記載して提出した場合には、他の不適用届出書等及び事業廃止届出書の提出があったものとして取り扱われます。また、事業廃止届出書を提出した場合には、これらの不適用届出書等の提出があったものとして取り扱われます（消基通1－4－15）。

2　簡易課税制度選択不適用届出書の提出と効力

　簡易課税制度選択届出書を提出した事業者は、簡易課税制度の適用を受けることをやめようとするとき、又は事業を廃止したときは、一定の事項を記載した届出書をその納税地の所轄税務署長に提出しなければなりません（消税37⑤）。

　なお、簡易課税制度選択不適用届出書又は事業廃止届出書の提出が

あったときは、その提出があった日の属する課税期間の末日の翌日以後は、簡易課税制度選択届出書は、その効力を失います（消税37⑦）。

3　本事例の場合

　本事例の場合、10年前に事業廃止届出書を提出しているため、簡易課税制度選択不適用届出書の提出をしていなくとも、その届出書の提出があったものとして取り扱われます。

　したがって、事業廃止届出書を提出した課税期間の翌課税期間から簡易課税制度選択届出書の効力は失われているため、本年の消費税の申告は原則課税制度で申告することになります。

《参考となる法令等》

消税37⑤⑦、消基通1－4－15

第 5 章

・・・・・・・・・・・・・・・・・・・・・・・・・・・・・・・・

インボイス制度等

〔50〕　免税事業者から課税事業者となる場合、免税事業者で
あった期間中に仕入れた棚卸資産に係る消費税は調整計
算できない？

　私は小売業を経営している個人事業者である。開業時から現在まで
免税事業者だったが、令和5年10月1日から適格請求書発行事業者の
登録により課税事業者となった。

　ところで、免税事業者であった期間中に仕入れた棚卸資産を課税事
業者となってから販売すると、預かった消費税だけ納める必要がある
と認識している。なお、消費税は原則課税制度で計算する予定である。

結　論　免税事業者であった期間中に仕入れた棚卸資産につ
いては調整計算が可能

ポイント

▶免税事業者から課税事業者となる場合、免税事業者であった期
間中に購入した棚卸資産に係る消費税を、課税事業者となった
課税期間で行った課税仕入れ等の税額とみなす調整計算があ
る。

▶適格請求書発行事業者の登録により課税事業者となった場合も
同様の調整計算がある。

解　説

1　納税義務の免除を受けないこととなった場合の棚卸資産に係
る消費税額の調整

　免税事業者が課税事業者となった場合において、課税事業者となっ

た課税期間の初日の前日において免税事業者であった期間中に国内において行った課税仕入れに係る棚卸資産等を有しているときは、その棚卸資産等に係る消費税を、課税事業者となった課税期間において行った課税仕入れ等の税額とみなします（消税36①）。

　なお、その調整計算の適用に当たっては、棚卸資産等の明細を記録した書類の保存が必要です（消税36②）。

2　納税義務の免除を受けないこととなった場合の棚卸資産に係る消費税額の調整に関する経過措置

　免税事業者が適格請求書発行事業者の登録により課税事業者となった場合において、登録開始日の前日において免税事業者であった期間中に国内において行った課税仕入れに係る棚卸資産等を有しているときは、その棚卸資産等に係る消費税は、課税事業者となった課税期間において行った課税仕入れ等の税額とみなします（消税令平30政135改正附則17）。

3　本事例の場合

　本事例の場合、免税事業者から課税事業者（適格請求書発行事業者の登録により課税事業者となった場合も含みます。）となった課税期間については、直前の免税事業者であった期間中の棚卸資産等に係る消費税を課税事業者となった課税期間で行った課税仕入れ等の税額とみなすことができます。

　なお、棚卸資産の調整計算をするためには、課税事業者となる課税期間の直前に、棚卸資産等に関する明細書を作成する必要があります。免税事業者が適格請求書登録事業者の登録により課税事業者となる場合は、登録日の前日で棚卸しが必要となるため、通常とは異なるタイミングでの棚卸しが必要となることに注意が必要です。

　また、この棚卸資産に係る調整計算は、原則課税制度でのみ適用することができるため、簡易課税制度や2割特例を選択する場合は適用できません。

《参考となる法令等》
消税36①②、消税令平30政135改正附則17

〔51〕　適格請求書発行事業者でない者から行った課税仕入れ
　　　について、控除できない消費税等相当額は控除対象外消
　　　費税額等に該当する？

　製造業を営む当社は適格請求書発行事業者であり、当期において適
格請求書発行事業者でない者から、課税資産の製造用の機械装置を購
入する予定である。
　ところで、当社が購入する機械装置に係る消費税等相当額は、経過
措置により仕入れに係る消費税額とみなされる部分（令和5年10月1
日から令和8年9月30日までの期間は仕入税額相当額の80％）以外は
仕入税額控除ができないと認識している。
　この場合、控除できなかった消費税等相当額は、控除対象外消費税
額等として当期の損金の額に算入しようと考えている。
　なお、当社は税抜経理処理を採用しており、毎期の課税売上高は1
億5,000万円、課税売上割合は85％前後であるため、原則課税制度（個
別対応方式）で計算している。

　結　論　控除対象外消費税額等に該当しないため、課税売上
　　　　　割合が80％以上であったとしても当期の損金の額に
　　　　　算入することはできない

―――――――――――――――――――ポイント―――――――――――――――――――

▶原則として適格請求書発行事業者以外の者からの課税仕入れに
　ついては、仕入税額控除の適用を受ける課税仕入れに係る消費
　税額はないものとされるため、控除対象外消費税額等に該当し
　ない。
▶税抜経理方式で経理している場合において、原則課税制度で計
　算しているときは、適格請求書発行事業者以外の者からの課税

仕入れについて仮払消費税等の額として取引の対価の額と区分
して経理する金額はなく、支払対価の額を機械装置の取得価額
として法人税又は所得税の所得金額の計算を行う。
▶簡易課税制度適用事業者又は２割特例制度適用事業者は、継続
適用を条件として仮払消費税等の額を認識する経理処理が認め
られる。

解　説

1　仕入れに係る消費税額の控除

　課税事業者が、国内において行う課税仕入れ等については、課税仕
入れ等を行った日の属する課税期間の課税標準額に対する消費税額か
ら、その課税期間中に国内において行った課税仕入れに係る消費税額
（その課税仕入れに係る適格請求書又は適格簡易請求書の記載事項を
基礎として計算した金額等をいいます。）、その課税期間中に国内にお
いて行った特定課税仕入れに係る消費税額及びその課税期間における
保税地域からの引取りに係る課税貨物につき課された又は課されるべ
き消費税額の合計額を控除します（消税30①）。

2　適格請求書発行事業者以外の者から行った課税仕入れに係る
　　消費税等の処理

　適格請求書発行事業者以外の者から行った課税仕入れに係る取引に
ついて税抜経理方式で経理をしている場合であっても、その取引の対
価の額と区分して経理をした消費税等の額に相当する金額を当該課税
仕入れに係る取引の対価の額に含めて法人税及び所得税の所得金額を
計算します（消費税法等の施行に伴う法人税の取扱いについて14の２、消費税
法等の施行に伴う所得税の取扱いについて11の２）。

3　資産に係る控除対象外消費税額等の損金算入

資産に係る控除対象外消費税額等は、次のいずれかの方法によって、損金の額又は必要経費に算入します。

①　その資産の取得価額に算入し、それ以後の事業年度又は年分において償却費などとして損金の額又は必要経費に算入します。

②　次のいずれかに該当する場合には、法人税法上は、損金経理を要件としてその事業年度の損金の額に算入し、また、所得税法上は、全額をその年分の必要経費に算入します（法税令139の4①②、所税令182の2①②）。

　㋐　その事業年度又は年分の課税売上割合が80％以上であること

　㋑　棚卸資産に係る控除対象外消費税額等であること

　㋒　一の資産に係る控除対象外消費税額等が20万円未満であること

③　上記②に該当しない資産に係る控除対象外消費税額等の合計額（以下「繰延消費税額等」といいます。）は、次に掲げる方法によって損金の額又は必要経費に算入します。

　㋐　法人税

　　繰延消費税額等を60で除し、これにその事業年度の月数を乗じて計算した金額の範囲内で、その法人が損金経理をした金額を損金の額に算入します（法税令139の4④）。

　　なお、その資産を取得した事業年度においては、上記によって計算した金額の2分の1に相当する金額の範囲内で、その法人が損金経理をした金額を損金の額に算入します（法税令139の4③）。

　㋑　所得税

　　繰延消費税額等を60で除し、これにその年において事業所得等を生ずべき業務を行っていた期間の月数を乗じて計算した金額を必要経費に算入します（所税令182の2④）。

　　なお、その資産を取得した年分においては、上記によって計算し

た金額の2分の1に相当する金額を必要経費の額に算入します（所税令182の2③）。

4　資産に係る控除対象外消費税額等の意義

資産に係る控除対象外消費税額等とは、内国法人又は居住者が仕入税額控除の規定の適用を受ける場合で、その課税期間中に行った課税資産の譲渡等につき課されるべき消費税額等をこれらに係る取引の対価と区分する経理（税抜経理）をしたときにおけるその課税仕入れ等の税額のうち、仕入税額控除の規定による控除をすることができない消費税額等に相当する金額の合計額でそれぞれの資産に係るものをいいます（法税令139の4⑤、法税規28②、所税令182の2⑤、所税規38の2②）。

5　簡易課税制度適用事業者等の取扱い

簡易課税制度適用事業者又は2割特例制度適用事業者は、継続適用を条件として、全ての課税仕入れについて課税仕入れに係る支払対価の額に110分の10（軽減税率の対象となる場合は108分の8）を乗じて算出した金額を仮払消費税等の額として取引の対価の額と区分して経理をした場合にはその処理も認められます（消費税法等の施行に伴う法人税の取扱いについて1の2・経過的取扱い（2）（令和5年12月27日課法2−37）、消費税経理通達関係Q＆A問1−2）。

6　本事例の場合

本事例の場合、適格請求書発行事業者でない者から機械装置を購入しているため、機械装置に係る消費税等相当額は経過措置により仕入れに係る消費税額とみなされる部分を除いて仕入税額控除の規定の適用を受けることができません。

したがって、税抜経理処理を採用していたとしても、仕入税額控除

の規定の適用を受けることができない消費税等相当額は仮払消費税等ではなく機械装置の取得価額の一部であり、控除対象外消費税額等には該当しません。よって、課税売上割合が80％以上であったとしてもその事業年度の損金の額に算入することができません。

　なお、仕入税額控除の規定を適用できなかった消費税等相当額は機械装置の取得価額の一部として、それ以後の事業年度において減価償却費などとして損金の額に算入します。

《参考となる法令等》

消税30①、法税令139の4①②③⑤、法税規28②、所税令182の2①②③⑤、所税規38の2②、消費税法等の施行に伴う法人税の取扱いについて1の2・14の2・経過的取扱い（2）（令和5年12月27日課法2－37）、消費税法等の施行に伴う所得税の取扱いについて11の2、消費税経理通達関係Q＆A問1－2

〔52〕　免税事業者が適格請求書発行事業者となるには登録申
　　　請書のみを提出すればよい？

　私は個人事業者として生計を立てている。例年の課税売上高は
1,000万円以下だが、取引先との話合いにより将来的に適格請求書発
行事業者となることにした。登録時期は未定だが、適格請求書発行事
業者となるためには、適格請求書発行事業者の登録申請書と併せて課
税事業者選択届出書も提出する必要があると認識している。

結　論　　経過措置期間中は適格請求書発行事業者の登録申請
書の提出のみで登録事業者となることができる

ポイント

▶令和5年10月1日から令和11年9月30日までの日の属する課税
　期間中に登録をする場合は、経過措置として適格請求書発行事
　業者の登録申請書のみで登録事業者となることが可能。
▶免税事業者が上記の課税期間後について登録事業者となる場合
　は、事前に課税事業者選択届出書も提出する必要がある。

解　説

1　適格請求書発行事業者の登録申請書を提出することができる　事業者

　適格請求書発行事業者の登録を受けることができるのは、課税事業
者に限られます。しかし、免税事業者であっても次の場合のように登
録を受けようとする課税期間において課税事業者となるときは、適格
請求書発行事業者の登録申請書（以下「登録申請書」といいます。）を

提出することができます（消税 9 ①④、消基通 1 － 7 － 1 ）。

①　免税事業者の基準期間における課税売上高が1,000万円超であることにより翌課税期間から課税事業者となる場合

②　免税事業者が課税事業者選択届出書を提出し、課税事業者となることを選択する場合

2　免税事業者に係る適格請求書発行事業者の登録申請に関する経過措置

　免税事業者が令和 5 年10月 1 日から令和11年 9 月30日までの日の属する課税期間中に適格請求書発行事業者の登録を受けようとする場合には、登録申請書のみを提出すればよく、課税事業者選択届出書の提出を要しないこととされています（消税平28法15改正附則44④、消基通21－ 1 － 1 ）。

　これにより、事前に課税事業者選択届出書を提出することなく、登録の必要性を見極めながら柔軟なタイミングで適格請求書発行事業者となることができます。

3　本事例の場合

　本事例の場合、令和 5 年10月 1 日から令和11年 9 月30日までの日の属する課税期間中に登録をする場合は登録申請書のみで登録事業者となることが可能です。この場合、その登録日から課税事業者となる経過措置が設けられています。

　なお、上記の課税期間後に登録申請をする場合は、登録を受けようとする課税期間開始の日の前日までに課税事業者選択届出書を提出しておく必要があります。

《参考となる法令等》

消税 9 ①④・平28法15改正附則44④、消基通 1 － 7 － 1 ・21－ 1 － 1

〔53〕　課税期間の途中からは適格請求書発行事業者の登録はできない？

　私は歯科クリニックを経営している。本年は課税事業者だが、自費診療の売上によっては免税事業者となる課税期間もあるため、適格請求書発行事業者の登録は行っていない。しかしながら、令和6年2月に患者から取り外した金冠を業者へ売却する際、適格請求書発行事業者でなければ消費税等相当額を値引きさせてほしいと言われたため、適格請求書発行事業者の登録を急いで行いたいと考えている。しかしながら、適格請求書発行事業者の登録は当課税期間の途中からだと登録できないと認識している。

結　論　課税期間の途中であっても適格請求書発行事業者の登録をすることができる

ポイント

▶課税事業者は課税期間の途中でも登録が可能。
▶免税事業者は経過措置期間中であれば課税期間の初日でなくても登録希望日から登録が可能。

解　説

1　適格請求書発行事業者の登録等

　国内において課税資産の譲渡等を行い、又は行おうとする事業者であって、適格請求書の交付をしようとする事業者（免税事業者を除きます。）は、一定の事項を記載した申請書をその納税地の所轄する税務

署長に提出することで適格請求書発行事業者の登録を受けることができます（消税57の2①②）。

　この場合において、免税事業者が課税事業者となる課税期間の初日から適格請求書発行事業者の登録を受けようとするときは、その課税期間の初日から起算して15日前の日までに、当該申請書を提出しなければなりません（消税令70の2①）。

　なお、税務署長は登録申請書の提出を受けた場合には、遅滞なく、これを審査し、登録を拒否する場合を除き、適格請求書発行事業者の登録をしなければならないこととされています（消税57の2③）。

2　免税事業者に係る適格請求書発行事業者の登録申請に関する経過措置

　免税事業者が令和5年10月1日から令和11年9月30日までの日の属する課税期間中に適格請求書発行事業者の登録を受けようとする場合には、登録申請書のみを提出すればよく、課税事業者選択届出書の提出を要しないこととされています（消税平28法15改正附則44④、消基通21－1－1）。

　なお、令和5年10月1日から令和11年9月30日までの日の属する課税期間において、令和5年10月1日後に登録を受けようとする免税事業者は、申請書に登録希望日（提出する日から15日を経過する日以後の日に限ります。）を記載する必要があります（消税令平30政135改正附則15②）。

3　本事例の場合

　本事例の場合、当課税期間は課税事業者であるため登録申請書を所轄の税務署長に提出することによって、当課税期間の途中でも適格請求書発行事業者としての登録が可能です。

　なお、本事例とは異なりますが、仮に当課税期間が免税事業者であった場合は、令和 5 年10月 1 日から令和11年 9 月30日までの日の属する課税期間については経過措置として適格請求書発行事業者の登録申請書のみで登録をすることができるため、課税事業者と同じく課税期間の途中でも適格請求書発行事業者の登録をすることができます。この場合の登録日は、登録希望日となり、登録希望日は登録申請書を提出する日から15日を経過する日以後の日を記載する必要がありますので一定の期間が必要です。

　また、免税事業者が上記経過措置後の課税期間で登録する場合は、まずは課税事業者選択届出書の提出を行い、課税事業者となった課税期間以後でなければ適格請求書発行事業者の登録をすることができません。

《参考となる法令等》

消税57の 2 ①②③・平28法15改正附則44④、消税令70の 2 ・平30政135改正附則15②、消基通21－ 1 － 1 、国税庁「インボイス制度に関する Q ＆ A 」問 6 ・問 8

〔54〕 受託販売をする場合、受託者は適格請求書の交付をすることができない？

　当社は小売店である。商品のほとんどは委託者から預かったものであり、当社は在庫を持たず受託者として商品を販売している。

　ところで、客から適格請求書の請求があった場合、当社が委託者を代理して、委託者の社名や登録番号などを記載した適格請求書を交付しなければならないと認識している。

　当社に委託してくれている会社は100社以上あり、適格請求書の代理交付について事務処理面で非常に不安を感じている。

| 結　論 | 媒介者交付特例の要件を満たせば、受託者（当社）の情報のみを記載した適格請求書の交付が可能 |

ポイント

▶本来は委託者が客に適格請求書の交付をしなければならない。

▶受託者（当社）は委託者に代わって委託者の適格請求書を代理交付することができる。

▶一定の要件を満たせば、媒介者交付特例として、受託者の氏名や登録番号等を記載した適格請求書の交付が認められる。

解　説

1　適格請求書発行事業者の義務

　適格請求書発行事業者は、課税資産の譲渡等を行った場合、課税事業者からの求めに応じて適格請求書の交付義務が課されています（消税57の4①）。

　委託販売の場合、購入者に対して課税資産の譲渡等を行っているのは委託者であるため、本来は委託者が購入者に対して適格請求書を交付する必要がありますが、受託者が委託者の適格請求書を購入者に代理交付することも認められています（国税庁「インボイス制度に関するＱ＆Ａ」問48）。

2　媒介者交付特例の要件

　次の要件を満たすことにより、媒介又は取次ぎを行う者である受託者が、委託者の課税資産の譲渡等について、自己の氏名又は名称及び登録番号を記載した適格請求書等を、委託者に代わって、購入者に交付し、又は提供することができます（以下「媒介者交付特例」といいます。）（消税令70の12①）。

①　委託者及び受託者が適格請求書発行事業者であること

②　委託者が受託者に、自己が適格請求書発行事業者の登録を受けている旨を取引前までに通知していること

3　媒介者交付特例を適用するための受託者と委託者の対応

　媒介者交付特例を適用する場合における受託者及び委託者の対応は次のとおりとなります（消税令70の12①③④）。

①　受託者の対応

　㋐　交付した適格請求書等の写しを保存する

　㋑　交付した適格請求書等の写しを速やかに委託者に交付する

　なお、委託者に交付する適格請求書等の写しについて、コピーが大量になるなど適格請求書等の写しそのものを交付することが困難な場合は、適格請求書の写しと相互の関連が明確な精算書等の書類等を交付することも認められます。この場合、交付した精算書等の写しを保存する必要があります（消基通１－８－11）。

②　委託者の対応

　㋐　自己が適格請求書発行事業者でなくなった場合、その旨を速やかに受託者に通知する

　㋑　受託者から交付された適格請求書等の写しを保存する

4　本事例の場合

　本事例の場合、一定の要件を満たせば媒介者交付特例として、委託者に代わって受託者（当社）が自己の氏名又は名称及び登録番号等を記載した適格請求書等を交付することができます。

　受託者（当社）が委託者を代理して委託者の適格請求書を発行する代理交付も認められますが、取引量が多い場合等は媒介者交付特例を検討する方が事務処理面で負担が少ないと考えられます。

　なお、媒介者交付特例を適用する場合は、委託者及び受託者双方において、適格請求書等の写しを保存することが必要です。

《参考となる法令等》
消税57の4①、消税令70の12①③④、消基通1－8－11

〔55〕　家賃について請求書がない場合は、仕入税額控除を適用できない？

　当社は4年前から事務所を賃借している。賃借開始時にオーナーと賃貸借契約書の作成を行っており、当該契約書には事務所家賃として100,000円と消費税10％の10,000円の合計110,000円を口座振替により支払うことが明記されている。

　ところで、令和5年10月1日からインボイス制度が開始されたが、家賃については請求書を受け取っていないため仕入税額控除の適用を受けることができないのではと考えている。

　なお、オーナーからは適格請求書発行事業者の登録番号の通知は受け取っており、家賃引き落としの通帳は保管している。

結　論　　仕入税額控除を適用することができる

ポイント

▶複数の書類で適格請求書としての記載事項を満たせば、それらの書類全体で適格請求書の記載事項を満たすことになる。

解　説

1　適格請求書発行事業者の義務

　適格請求書発行事業者には、国内において課税資産の譲渡等を行った場合に、他の事業者（課税事業者に限ります。）からの求めに応じて下記の事項を記載した請求書等（適格請求書）を交付する義務が課されています。

　ただし、その適格請求書発行事業者が行う事業の性質上、適格請求書を交付することが困難な課税資産の譲渡等として一定の場合は、この限りではありません（消税57の4①）。

① 　適格請求書発行事業者の氏名又は名称及び登録番号

② 　課税資産の譲渡等を行った年月日（課税期間の範囲内で一定の期間内に行った課税資産の譲渡等につきまとめてその書類を作成する場合には、その一定の期間）

③ 　課税資産の譲渡等に係る資産又は役務の内容（その課税資産の譲渡等が軽減対象課税資産の譲渡等である場合には、資産の内容及び軽減対象課税資産の譲渡等である旨）

④ 　課税資産の譲渡等に係る税抜価額又は税込価額を税率の異なるごとに区分して合計した金額及び適用税率

⑤ 　税率ごとに区分した消費税額等

⑥ 　書類の交付を受ける事業者の氏名又は名称

2　適格請求書の意義

　適格請求書とは、上記1①～⑥に掲げる事項を記載した請求書、納品書その他これらに類する書類をいいますが、上記1①～⑥に掲げる事項の記載があれば、その書類の名称は問いません。

　また、適格請求書の交付に関して、一の書類により上記1①～⑥に掲げる事項を全て記載するのではなく、例えば、納品書と請求書等の二以上の書類であっても、これらの書類について相互の関連が明確であり、その交付を受ける事業者が上記1①～⑥に掲げる事項を適正に認識できる場合には、これら複数の書類全体で適格請求書の記載事項を満たすこととなります（消基通1-8-1）。

3　本事例の場合

　本事例の場合、支払った家賃に対応する請求書はありませんが、複数の書類で適格請求書の記載事項の要件を満たしていれば、仕入税額控除の要件を満たすことになります。

　例えば、賃貸借契約書に適格請求書としての必要な記載事項の一部（課税資産の譲渡等の年月日以外の事項）が記載されており、実際に取引を行った事実（課税資産の譲渡等の年月日）を客観的に示す書類（家賃の引き落としが記載されている通帳）とともに保存をするなどが考えられます。

　なお、令和5年9月30日以前からの契約について、賃貸借契約書に登録番号等の適格請求書として必要な事項の記載が不足している場合には、別途、登録番号等の記載が不足していた事項の通知を受け、契約書とともに保存していれば差し支えありません（国税庁「インボイス制度に関するQ&A」問95）。

　また、家賃の口座振替のように、取引の都度請求書が発行されない取引については、取引の途中で相手方が適格請求書発行事業者でなくなる場合も想定されます。相手方から適格請求書発行事業者でなくなった旨の連絡があるとは限らないため、一定の期間ごとに取引先に登録の有無を直接確認する、毎月でなくても一定期間の賃料についての適格請求書の交付を受ける、支払明細書を作成して取引先に確認を取る、国税庁適格請求書発行事業者公表サイトを活用する、など相手方が適格請求書発行事業者であるか否かの確認をする必要があります。

《参考となる法令等》

消税57の4①、消基通1-8-1

〔56〕 受け取った適格請求書が間違っていた場合、受取り側が一方的に加筆修正しても、仕入税額控除を適用できる？

　当社は製造業を営んでいる。適格請求書発行事業者である取引先から受け取った請求書の記載事項に誤りがあったため、当社で加筆修正をする予定である。

　取引先から適格請求書の再交付を受けなくても、受領した請求書に加筆修正することで、適格請求書となり仕入税額控除ができると考えている。

結　論　一方的な加筆修正だけでは仕入税額控除を適用することができない

ポイント

▶取引先から受け取った請求書に記載誤りがあった場合、原則として修正した適格請求書の交付を受ける必要がある。

▶支払者側で一方的に加筆修正をしただけでは、仕入税額控除はできない。

解　説

1　適格請求書発行事業者の義務

　適格請求書発行事業者には、国内において課税資産の譲渡等を行った場合に、他の事業者（課税事業者に限ります。）からの求めに応じて一定の事項を記載した請求書等（適格請求書）を交付する義務が課されています。

　ただし、当該適格請求書発行事業者が行う事業の性質上、適格請求書を交付することが困難な課税資産の譲渡等として一定の場合は、この限りではありません（消税57の4①）。

2　交付した適格請求書等に誤りがあった場合

　適格請求書、適格簡易請求書又は適格返還請求書（電磁的記録も含みます。以下「適格請求書等」といいます。）を交付した適格請求書発行事業者は、これらの書類の記載事項に誤りがあった場合には、これらの書類を交付した他の事業者に対して、修正した適格請求書等を交付しなければなりません（消税57の4④⑤）。

　なお、修正した適格請求書等の交付方法については、誤りがあった事項を修正し、改めて記載事項の全てを記載したものを交付する方法や、当初に交付したものとの関連性を明らかにし、修正した事項を明示したものを交付する方法などがあります（国税庁「インボイス制度に関するQ＆A」問33）。

3　仕入税額控除の要件とされる帳簿の保存

　仕入れに係る消費税額の控除の規定は、事業者がその課税期間の課税仕入れ等の税額の控除に係る帳簿及び請求書等（請求書等の交付を受けることが困難である場合等は帳簿）を保存しない場合には、災害等やむを得ない場合を除き、当該保存がない課税仕入れ等の税額については適用できません（消税30⑦、消税令49①一）。

　なお、請求書等とは、次に掲げる書類及び電磁的記録をいいます（消税30⑨）。

①　事業者に対し課税資産の譲渡等を行う適格請求書発行事業者が、その課税資産の譲渡等につきその事業者に交付する適格請求書、適格簡易請求書又はこれらに代えて提供する電磁的記録

②　事業者がその行った課税仕入れ（適格請求書発行事業者が行う課税資産の譲渡等に該当するものに限ります。）につき作成する仕入明細書、仕入計算書その他これらに類する書類で課税仕入れの相手方の氏名又は名称その他一定の事項が記載されているもの（その書類に記載されている事項につき、その課税仕入れの相手方の確認を受けたものに限ります。）

③　その他一定の書類

4　本事例の場合

本事例の場合、取引先から受け取った請求書が適格請求書の要件を満たしていない場合や内容に不備がある場合、原則として修正した適格請求書の交付を受けなければ仕入税額控除を適用する際の請求書等の保存要件を満たさないことになります。

なお、受領した請求書に支払者側が加筆修正する場合、加筆修正した事項について取引先に確認を受けることで、その請求書は適格請求書であるのと同時に修正した事項を明示した仕入明細書等にも該当することから、その書類を保存することで、仕入税額控除の適用を受けることができます（国税庁「お問合せの多いご質問」問⑥「買手による適格請求書の修正」）。

この確認は、「送付後一定期間内に誤りのある旨の連絡がない場合には記載内容のとおり確認があったものとする」旨の通知文書等を添付して相手方に送付等すれば、相手方の確認を受けたものとされます（国税庁「インボイス制度に関するQ＆A」問86）。

《参考となる法令等》
消税30⑦⑨・57の4①④⑤、消税令49①一、国税庁「インボイス制度に関するQ＆A」問33・34・86、国税庁「お問合せの多いご質問」問⑥

〔57〕　消費税の還付税額は必ず雑収入に計上しなければならない？

　当社は製造業を営む課税事業者であるが、当期に投資目的として賃貸用テナントビルを取得している。

　当該賃貸用テナントビルの取得に伴い、当期は消費税の控除不足還付税額が生じることとなった。

　当社の消費税の経理処理方法は税込経理方式を採用しており、還付税額が雑収入として処理されることで多額の法人税等が生じる可能性があるが、この消費税の還付税額は雑収入として益金算入する必要があると認識している。

結　論	税抜経理方式を採用することで雑収入としないことができる

┌─────── ポイント ───────┐

▶税抜経理方式では賃貸用テナントビルの取得に係る消費税は仮払消費税等として経理され、消費税の還付税額は仮受消費税等と仮払消費税等の差額として未収消費税等として経理されることから、雑収入として益金算入されることはない。

└────────────────────────┘

解　説

1　税抜経理方式と税込経理方式の選択適用

　法人税の課税所得金額の計算に当たり、法人が行う取引に係る消費税等の経理処理については、税抜経理方式又は税込経理方式のいずれ

の方式によることとしても差し支えないですが、法人の選択した方式は、原則としてその法人の行う全ての取引について適用するものとされています（消費税法等の施行に伴う法人税の取扱いについて3）。

2　消費税等の益金算入の時期

　法人税の課税所得金額の計算に当たり、税込経理方式を適用している法人が還付を受ける消費税等は、納税申告書が提出された日の属する事業年度の益金の額に算入します。ただし、その法人がその還付を受ける消費税等の額を収益の額として未収入金に計上したときのその金額については、その収益に計上した事業年度の益金の額に算入します（消費税法等の施行に伴う法人税の取扱いについて8）。

3　本事例の場合

　本事例の場合、賃貸用テナントビルの取得に係る消費税の還付税額は、税込経理方式を採用している場合、申告書を提出した事業年度又はその還付税額を収益の額として未収入金に計上した事業年度の益金の額に算入されます。

　しかし、その賃貸用テナントビルを取得した事業年度より税抜経理方式に変更することで、賃貸用テナントビルの取得に係る消費税は仮払消費税等として経理され、消費税の還付税額も仮受消費税等と仮払消費税等の差額として未収消費税等として経理されることから、雑収入として益金算入されません。

　ただし、税抜経理方式を採用した場合、その賃貸用テナントビルの取得価額も税抜価額となるため、税込経理方式と比べ、減価償却費の対象となる賃貸用テナントビルの取得価額がその消費税分が少なく計上されることから、償却期間トータルで考えた場合、両方式は同じ所

得金額になりますが、還付税額が生じた事業年度のみを考慮した場合、
税抜経理方式が有利といえます。

《参考となる法令等》
消費税法等の施行に伴う法人税の取扱いについて3・8

〔58〕　適格請求書発行事業者に相続が発生した場合、相続人は適格請求書発行事業者となる？

　私の父は2階建ての小さなオフィスビル1棟を保有しており、適格請求書発行事業者として毎年消費税の申告を行っていたが、令和6年5月に死亡した。なお、父の相続人は私だけである。

　ところで、私はサラリーマンであり、父の基準期間における課税売上高によって納税義務の判定を行っても免税事業者であるため、相続後に私は消費税の納税義務はないと考えている。

　私はオフィスビルを相続しても適格請求書発行事業者となる予定はなく、父の準確定申告の手続以外は何も行っていない。

結　論　　みなし登録期間は、相続人は適格請求書発行事業者とみなされ、消費税の納税義務がある

ポイント

▶事業を承継した相続人は、適格請求書発行事業者の登録申請書の提出をしていなくとも、みなし登録期間については適格請求書発行事業者とみなされ、課税事業者となる。

解　説

1　適格請求書発行事業者が死亡した場合における手続等

　適格請求書発行事業者（個人事業者に限ります。以下同じ。）が死亡した場合、その相続人は「適格請求書発行事業者の死亡届出書」を提出する必要があります。被相続人の適格請求書発行事業者の登録の効

力は、「適格請求書発行事業者の死亡届出書」の提出日の翌日又は死亡
した日の翌日から4か月を経過した日のいずれか早い日には失われま
す。

　なお、下記2（2）のみなし登録期間の適用がある場合は、登録の効
力は、みなし登録期間が経過した後に失われます（消税57の3①②、消基
通1－7－4）。

2　事業を承継した相続人の適格請求書発行事業者の登録

（1）　原　　則

　相続により事業を承継した相続人（適格請求書発行事業者でない場
合に限ります。）が、適格請求書発行事業者の登録を受けるためには、
相続人は新たに適格請求書発行事業者の登録申請書の提出が必要で
す。

（2）　みなし措置（消税57の3③、消基通1－7－4）

　ア　取扱い

　相続により適格請求書発行事業者の事業を継承した相続人（適格請
求書発行事業者を除きます。）の「みなし登録期間」については、その
相続人を適格請求書発行事業者とみなして取り扱います。

　この場合、そのみなし登録期間中は、被相続人の登録番号をその相
続人の登録番号とみなします。

　イ　みなし登録期間

　みなし登録期間とは、相続があった日の翌日から次の①②いずれか
早い日までの期間をいいます。

①　その相続人が適格請求書発行事業者の登録を受けた日の前日

②　その相続に係る適格請求書発行事業者が死亡した日の翌日から4
　か月を経過する日

3　本事例の場合

　本事例の場合、適格請求書発行事業者である父が亡くなった後、事業を承継した相続人が適格請求書発行事業者の登録を行っていないことから、父の相続があった日の翌日から4か月間（みなし登録期間）は事業を承継した相続人が適格請求書発行事業者とみなされます。

　したがって、相続があった年の基準期間における被相続人の課税売上高が1,000万円以下であったとしても、相続後4か月分の家賃収入に係る消費税について、消費税の納税義務を有します。

《参考となる法令等》

消税57の3①②③、消基通1－7－4

〔59〕　2割特例適用後の簡易課税制度選択届出書の提出期限
　　　は？

　私は個人事業者として生計を立てている適格請求書発行事業者であ
る。これまで基準期間における課税売上高が1,000万円以下であった
ことから、小規模事業者に係る税額控除に関する経過措置（以下「2
割特例」という。）の適用を受けていたが、当課税期間から基準期間に
おける課税売上高が1,000万円を超えることから2割特例の適用を受
けることができなくなるため、今後は簡易課税制度の適用を受けたい
と考えている。
　当課税期間の初日の前日までに簡易課税制度選択届出書の提出をし
ていないため、当課税期間中にこの届出書の提出をしても、簡易課税
制度の適用は翌課税期間以後になるものと認識している。

結　論　当課税期間中に簡易課税制度選択届出書を提出する
　　　　ことで当課税期間から簡易課税制度の適用を受ける
　　　　ことができる

ポイント

▶原則として、簡易課税制度選択届出書は適用を受けようとする
　課税期間の初日の前日までに提出する必要がある。
▶例外として、前課税期間に2割特例を適用していた場合には、
　当課税期間の末日までにその届出書を提出すれば、当課税期間
　から簡易課税制度の適用を受けることができる。

解　説

1　2割特例を適用した課税期間後の簡易課税制度の選択

　2割特例の適用を受けた適格請求書発行事業者が、その適用を受けた課税期間の翌課税期間中に、その納税地を所轄する税務署長にその課税期間から簡易課税制度の適用を受ける旨を記載した簡易課税制度選択届出書を提出した場合は、その課税期間の初日の前日に簡易課税制度選択届出書を提出したものとみなされます（消税平28法15改正附則51の2⑥）。

2　本事例の場合

　本事例の場合、前課税期間中に2割特例の適用を受けていることから、当課税期間中に簡易課税制度選択届出書を提出することで当課税期間から簡易課税制度の適用を受けることができます。

　なお、当課税期間から簡易課税制度の適用を受ける場合は、簡易課税制度選択届出書に、当課税期間から簡易課税制度の適用を受ける旨を記載する必要があるため注意が必要です。

　また、本事例とは異なりますが、免税事業者が経過措置期間中である令和5年10月1日から令和11年9月30日までの日の属する課税期間中に適格請求書発行事業者の登録をする場合において、登録日の属する課税期間中にその課税期間から簡易課税制度の適用を受ける旨を記載した簡易課税制度選択届出書を提出したときは、その課税期間の初日の前日にその届出書を提出したものとみなされます。

　したがって、登録日の属する課税期間においても、当課税期間から簡易課税制度の適用を受けることができる特例があります（消税令平30政135改正附則18）。

《参考となる法令等》

消税平28法15改正附則51の2⑥、消税令平30政135改正附則18

〔60〕　適格請求書発行事業者の登録取消届出書はいつまでに提出が必要？

　当社は適格請求書発行事業者だが、近い将来廃業予定のため、翌課税期間から適格請求書発行事業者の登録を取り消して免税事業者になろうと考えている。設立当初に課税事業者選択届出書の提出をしたことから、課税事業者選択不適用届出書と適格請求書発行事業者の登録の取消しを求める旨の届出書（以下「登録取消届出書」という。）を当課税期間の末日直前（３日前）に提出する予定だが、この場合、翌課税期間から免税事業者になれると認識している。

結　論	翌課税期間の初日から起算して15日前の日までに提出しなければ、翌課税期間は課税事業者となる

ポイント

▶翌課税期間の初日から適格請求書発行事業者の登録の取消しをする場合、翌課税期間の初日から起算して15日前の日までに登録取消届出書を提出する必要がある。

解　説

1　適格請求書発行事業者と免税事業者の適用関係

　適格請求書発行事業者は、その登録日の属する課税期間以後の課税期間については、免税事業者にはなれません。

　なお、適格請求書発行事業者の登録を受けていないとすれば免税事業者である事業者が、翌課税期間から免税事業者となるためには、免税事業者になろうとする課税期間の初日から起算して15日前の日まで

に、登録取消届出書の提出が必要となります（消税57の2⑩、消税令70の5③）。

　また、課税事業者選択届出書の提出により課税事業者を選択している適格請求書発行事業者が、免税事業者になるためには、登録取消届出書だけでなく課税事業者選択不適用届出書の提出も必要となります（消基通1－4－1の2）。

2　適格請求書発行事業者の登録等

　適格請求書発行事業者が、登録取消届出書をその納税地を所轄する税務署長に提出した場合、その提出があった日の属する課税期間の末日の翌日（その提出が、その届出書の提出があった日の属する課税期間の翌課税期間の初日から起算して15日前の日の翌日からその課税期間の末日までの間にされた場合には、その課税期間の翌課税期間の末日の翌日）に、適格請求書発行事業者の登録はその効力を失うとされています（消税57の2⑩、消税令70の5③）。

3　本事例の場合

　本事例の場合、当課税期間の末日の3日前に登録取消届出書と課税事業者選択不適用届出書を提出する予定とのことですが、登録取消届出書を翌課税期間の初日から起算して15日前の日までに提出していないため、適格請求書発行事業者の登録の取消しの効力発生は、翌課税期間の末日の翌日となります。

　したがって、翌課税期間は課税事業者となり、翌々課税期間から免税事業者となります。

《参考となる法令等》

消税57の2⑩、消税令70の5③、消基通1－4－1の2

〔61〕　令和6年に適格請求書発行事業者となった後、登録を取り消した場合、免税事業者に戻れる時期は？

　私はクリニックを経営する個人事業者である。消費税については令和5年まで免税事業者であったが、令和6年1月1日に適格請求書発行事業者となり課税事業者となった。しかしながら、事務処理面で非常に負担を感じるため適格請求書発行事業者の登録を取り消して、免税事業者に戻りたいと考えている。なお、私は課税事業者選択届出書の提出は行っておらず、課税売上高は毎期継続して1,000万円以下であるため、当課税期間の所定の期限までに登録取消届出書を提出すれば令和7年から免税事業者に戻ることができると認識している。

結　論	令和8年以降の課税期間から免税事業者に戻ることができる

ポイント

▶免税事業者が令和5年10月1日の属する課税期間中に適格請求書発行事業者の登録をした場合は、適格請求書発行事業者の登録の取消しを求める旨の届出書（以下「登録取消届出書」という。）を所定の期限までに提出することで翌課税期間から免税事業者に戻ることができる。

▶免税事業者が令和5年10月1日を含まない課税期間中に適格請求書発行事業者の登録をした場合は、課税事業者選択届出書を提出した場合と同様に免税事業者となることへの制限がある。

解　説

1　免税事業者に係る適格請求書発行事業者の登録申請に関する経過措置

　免税事業者が令和5年10月1日から令和11年9月30日までの日の属する課税期間中に適格請求書発行事業者の登録を受けようとする場合には、登録申請書のみを提出すればよく、課税事業者選択届出書の提出を要しないこととされています（消税平28法15改正附則44④、消基通21－1－1）。

　この場合、適格請求書発行事業者の登録を受けていないとすれば免税事業者であった事業者は、登録開始日の属する課税期間が令和5年10月1日を含む場合、登録取消届出書を提出し、当該登録の取消しを受けることで、免税事業者となることができますが、登録開始日の属する課税期間が令和5年10月1日を含まない場合、登録開始日の属する課税期間の翌課税期間から登録開始日以後2年を経過する日の属する課税期間までの各課税期間については、免税事業者となることはできません（消税平28法15改正附則44⑤、消基通21－1－1）。

2　本事例の場合

　本事例の場合、令和5年10月1日を含まない課税期間中に登録開始日があることから、令和6年の所定の期限までに登録取消届出書を提出し令和7年から適格請求書発行事業者に該当しなくなったとしても、免税事業者となれるのは令和8年以降の課税期間からとなります。

《参考となる法令等》

消税平28法15改正附則44④⑤、消基通21－1－1

〔62〕　令和６年に適格請求書発行事業者となった後、調整対象固定資産を取得した場合、免税事業者に戻れる時期は？

　私は製造業を経営する個人事業者である。消費税については令和５年まで免税事業者であったが、令和６年１月１日から適格請求書発行事業者となり消費税の納税義務者となった。なお、令和８年から再び免税事業者に戻りたいと考えているが、令和６年中に300万円のトラックを購入する予定である。私は課税事業者選択届出書の提出は行っておらず、課税売上高は毎年1,000万円以下であるが、このトラックの購入は調整対象固定資産の取得に該当するため、令和９年からでないと免税事業者に戻れないと考えている。

結論　令和８年以降の課税期間から免税事業者に戻ることができる

ポイント

▶令和５年10月１日から令和11年９月30日までの日の属する課税期間中に適格請求書発行事業者の登録をする場合は、経過措置として課税事業者選択届出書を提出せずに、適格請求書発行事業者の登録申請書のみで登録事業者となることが可能。

▶課税事業者選択届出書を提出していないため、調整対象固定資産を購入した場合の免税事業者への制限は適用されない。

| 解　説 |

1　免税事業者に係る適格請求書発行事業者の登録申請に関する経過措置

　免税事業者が令和5年10月1日から令和11年9月30日までの日の属する課税期間中に適格請求書発行事業者の登録を受けようとする場合には、登録申請書のみを提出すればよく、課税事業者選択届出書の提出を要しないこととされています（消税平28法15改正附則44④、消基通21－1－1）。

　この場合、適格請求書発行事業者の登録を受けていないとすれば免税事業者であった事業者は、登録開始日の属する課税期間が令和5年10月1日を含む場合、適格請求書発行事業者の登録の取消しを求める旨の届出書を提出し、当該登録の取消しを受けることで、免税事業者となることができますが、登録開始日の属する課税期間が令和5年10月1日を含まない場合、登録開始日の属する課税期間の翌課税期間から登録開始日以後2年を経過する日の属する課税期間までの各課税期間については、免税事業者となることはできません（消税平28法15改正附則44⑤、消基通21－1－1）。

2　課税事業者選択不適用届出書の提出の制限

　課税事業者選択届出書を提出した事業者は、提出日の属する課税期間の翌課税期間の初日から同日以後2年を経過する日までの間に開始した各課税期間中に国内における調整対象固定資産の課税仕入れ等を行った場合には、事業を廃止した場合を除き、その調整対象固定資産の仕入れ等の日の属する課税期間の初日から3年を経過する日の属する課税期間の初日以後でなければ、課税事業者選択不適用届出書を提出することができません（消税9⑦）。

3　本事例の場合

　本事例の場合、経過措置期間中であるため課税事業者選択届出書の提出をしなくても適格請求書発行事業者の登録をすることができます。

　なお、令和5年10月1日を含む課税期間以外での登録のため、課税事業者選択届出書を提出した場合と同様に2年間は免税事業者になることができません。

　本事例の場合、適格請求書発行事業者の登録により課税事業者になることを選択していますが、課税事業者選択届出書の提出は行っていないため、調整対象固定資産を取得した場合に課税事業者選択不適用届出書を提出できないことによる免税事業者になることへの制限の規定（消税9⑦）については考慮する必要がありません。

　したがって、令和6年中に調整対象固定資産を取得したとしても、課税事業者選択不適用届出書の提出の制限を受けないため、令和8年以降の課税期間から免税事業者に戻ることができます。

　なお、本事例とは異なりますが、免税事業者が適格請求書発行事業者の登録に当たって課税事業者選択届出書を提出している場合は、調整対象固定資産の取得によって3年間は課税事業者選択不適用届出書の提出ができないため免税事業者になれないこと、新たに簡易課税制度選択届出書を提出することができないなどの制限が生じるため注意が必要です。

《参考となる法令等》

消税9⑦・平28法15改正附則44④⑤、消基通21－1－1

〔63〕　適格請求書発行事業者の登録により免税事業者でなくなった者は、必ず２割特例が適用できる？

　私はサービス業を営んでいる個人事業者である。消費税については免税事業者だったが、令和５年10月１日から適格請求書発行事業者となり課税事業者となった。ところで免税事業者が適格請求書発行事業者の登録により課税事業者となった場合、一定の課税期間については、課税売上に係る消費税の２割だけ納税すればよい特例があると聞いた。私は10年ほど前に設備投資に係る消費税還付を受けた関係で、課税期間を３か月に短縮するための課税期間特例選択・変更届出書を提出しているが、その後免税事業者となったため何もせずにそのままとしている。この場合の消費税の納税に当たっては、３か月ごとの課税売上に係る消費税の２割を納税すればよいと認識している。

結論　課税期間特例選択・変更届出書の提出により課税期間を短縮している場合は２割特例の計算は適用できない

ポイント

▶２割特例は原則として適格請求書発行事業者の登録をしなければ免税事業者であった事業者のみが対象となる。

▶上記の事業者であっても、課税期間を短縮している課税期間など一定の場合については適用できない。

解　説

1　適格請求書発行事業者となる小規模事業者に係る税額控除に関する経過措置

　適格請求書発行事業者の令和 5 年10月 1 日から令和 8 年 9 月30日までの日の属する課税期間（適格請求書発行事業者の登録、課税事業者選択届出書の提出又はその年において相続があった場合の納税義務の免除の特例の規定の適用がなかったとしたならば消費税を納める義務が免除されることとなる課税期間に限るものとし、次に掲げる課税期間を除きます。）については、課税標準額に対する消費税額から控除することができる課税仕入れ等の税額の合計額は、課税標準に係る消費税額の100分の80に相当する金額とすることができます（消税平28法15改正附則51の 2 ①②）。

① 　令和 5 年10月 1 日の属する課税期間であって令和 5 年10月 1 日前から引き続き課税事業者選択届出書の提出により課税事業者となる課税期間（消税 9 ④）

② 　課税事業者選択届出書を提出した上で調整対象固定資産の仕入れ等を行った場合など、免税事業者になることが制限されている各課税期間（消税 9 ⑦）

③ 　登録開始日の前日までに、課税事業者であった被相続人の事業を相続したことにより免税事業者であった相続人が課税事業者となった課税期間（消税10①）

④ 　課税期間の短縮の規定の適用を受ける課税期間（消税19①②④）

2　本事例の場合

　本事例の場合、免税事業者が適格請求書発行事業者の登録により課税事業者となっていますが、課税期間の短縮の規定の適用を受けてい

るため2割特例の適用を受けることができません。

　免税事業者は過去に提出した届出書等をそのままにしている場合が見受けられます。申告書閲覧サービス等を活用して過去に提出された届出書を把握し、不要なものがあれば不適用届出書の提出をしておくことも検討しておく必要があります。

《参考となる法令等》

消税9④⑦・10①・19①②④・平28法15改正附則51の2①②

実務でみかける
消費税の誤りやすい処理

令和6年5月28日　初版発行

共　著	西　　山			卓
	藤　　本	敦		士
	谷　　本			晃

発行者　新日本法規出版株式会社
代表者　星　　謙一郎

発　行　所　　新日本法規出版株式会社

本　　　社　（460-8455）　名古屋市中区栄1−23−20
総轄本部
東 京 本 社　（162-8407）　東京都新宿区市谷砂土原町2−6
支社·営業所　札幌・仙台・関東・東京・名古屋・大阪・高松
　　　　　　　広島・福岡
ホームページ　https://www.sn-hoki.co.jp/

【お問い合わせ窓口】
新日本法規出版コンタクトセンター
📞 0120-089-339（通話料無料）
●受付時間／9：00〜16：30（土日・祝日を除く）